湘潭大学非洲法文库
XIANGTAN DAXUE FEIZHOUFA WENKU

◎ 洪永红 总主编

"一带一路"背景下中非
航天贸易的法律机制研究

◎ 刘功奇　著

湘潭大学出版社

图书在版编目（CIP）数据

"一带一路"背景下中非航天贸易的法律机制研究 /
刘功奇著 . -- 湘潭 ：湘潭大学出版社，2022.6
  ISBN 978-7-5687-0791-6

  Ⅰ．①一… Ⅱ．①刘… Ⅲ．①航天工业－国际合作－
法律－研究－中国、非洲 Ⅳ．① D922.292.4
② D940.229

中国版本图书馆 CIP 数据核字 (2022) 第 096298 号

"一带一路"背景下中非航天贸易的法律机制研究

"YI DAI YI LU" BEIJINGXIA ZHONG-FEI HANGTIAN MAOYI DE FALÜ JIZHI YANJIU

刘功奇 著

责任编辑：刘文情
封面设计：张 波
出版发行：湘潭大学出版社
社　　址：湖南省湘潭大学工程训练大楼
电　　话：0731-58298960 0731-58298966（传真）
邮　　编：411105
网　　址：http://press.xtu.edu.cn/
印　　刷：广东虎彩云印刷有限公司
经　　销：湖南省新华书店
开　　本：710 mm×1000mm 1/16
印　　张：13.5
字　　数：273 千字
版　　次：2022 年 6 月第 1 版
印　　次：2022 年 6 月第 1 次印刷
书　　号：ISBN 978-7-5687-0791-6
定　　价：46.00 元

本书系湖南省社科基金项目
"外空命运共同体视域下航天国际合作法律机制研究"
（18YBQ120）阶段性成果

前　言

航天科技及其产品在导航定位、通信广播、环境保护、农作物监测、灾害管理等领域具有广泛的应用价值，非洲国家积极寻求与区域外航天大国开展航天贸易，以提高本国空间能力。当前，在非洲航天市场竞争中，欧美国家占据了大部分市场，但是，中国航天技术及产品凭借较高的性价比、成套技术转让以及高效的合同执行力越来越受到非洲国家的欢迎。中非航天贸易发端于二十世纪九十年代，彼时中非航天贸易为单向型贸易形态，中国单方向非洲国家出售航天产品、技术和服务，非洲国家作为接受者并未参与贸易项目的实施。自2013年起，中非航天贸易进入了共建共享阶段，尤其是"一带一路"空间信息走廊建设的不断推进，为中非航天贸易带来了难得的机遇。

中非航天贸易的发展缺乏完善的法律保障机制。国际法层面，有关航天技术转让、航天服务贸易市场准入、航天国际合作以及航天知识产权保护的法律规定，均未能对航天贸易作出明确规定。中非航天贸易立足中非传统友好关系，同时也面临欧美国家的市场歧视政策，而现有国际航天立法"南—北"对抗的二元格局，以及缺乏实质内容的发展中国家利益保护条款，无法为中非航天贸易提供完整的法律保障。中非双边贸易协定则内容粗略简单，且自签订以来，一直未能更新，其有关中非双边贸易种类、最惠国待遇适用范围的规定，均未将中非航天贸易纳入其中。虽然中国与部分非洲国家出台了国内航天法律文件，但是已经滞后于中非航天贸易的发展实践。

中非航天贸易摈弃了"泛政治化"的倾向，而在平等互利的基础上开展贸易活动，本质上中非航天贸易属于"南南合作"范畴内的高科技贸易类型，这有利于中非双方密切航天贸易关系，共同参与世界航天治理，中非航天贸易的进一步发展迫切需要构建一套符合其自身发展特点和需求的法律机制。中国应加强与重点贸易伙伴国家磋商，通过非正式规范性文件或增补条款的形式，弥补中非现有双边贸易协定的漏洞。中非双方还应在联合国航天应用多边合作机制下，呼吁改造现有多边出口控制机制，扩大发展中国家的话语权，并推动解除欧美国家对中非航天贸易的歧视政策，通过航天技术援助计划和目录，促进向非洲国家的航天技术转移，以构建新的航天治理格局。

中非航天贸易的覆盖面越来越广，中非航天贸易应对接非盟区域航天应用项目，中国应加强与非盟以及次区域组织的航天贸易合作谈判，以"人类命运共同体"理念为价值指引，推动建立非盟多边航天合作框架下的法律机制，并充分利用现有对话平台，参考欧美对非航天贸易合作法律模式，建立"框架协议＋专项航天贸易协定"的航天贸易合作法律模式。同时应将中非航天贸易纳入"一带一路"空间信息走廊建设，梳理沿线国家现有双边和多边科技合作协定，推动与沿线国家在海上运输、气象观测、国际通信等航天应用领域率先实现航天合作一体化。

为保障中非航天贸易的顺利开展，还应在法律的实施层面，建立相应的法律保障机制。为此，应进一步完善中非经贸联委会机制，明确联委会的航天贸易保障职能，吸纳航天工业界代表参与经贸联委会议事程序，从而突破联委会封闭的运作机制，增加其人员构成的开放性和决策的透明度。为有效应对中非航天贸易的各类风险，应建立风险评估机制，分析贸易过程中的各类技术风险、航天政策风险和市场风险，并通过建立政策协调机制、航天信息保密制度以及航天政策性保险制度，化解贸易风险。纠纷解决是中非航天贸易保障机制的重要组成部分，应将磋商、谈判等纠纷解决方式，作为标准配置条款纳入贸易协定，同时，依托中非联合仲裁中心，设立航天贸易纠纷仲裁庭，并赋予其排他性管辖权，从而构建多元化的纠纷解决机制，为中非航天贸易提供便捷、高效的解决渠道。

目　录

第1章 绪 论

1.1 研究背景

航天科技及其应用是一个国家综合国力的体现，不仅能有力地促进社会经济的发展，而且还能带动计算机、信息通讯、新材料开发、自动控制、电子电气等多项技术及相关产业的发展。随着经济发展和航天科技价值的不断凸显，非洲各国航天意识不断提高，纷纷将目光聚焦空间领域，开展了众多的航天经贸合作项目，非洲已经成为世界航天舞台的积极参与者。

1.1.1 非洲国家航天事业发展

非洲国家发展本国航天事业的意识不断提高，越来越多的国家制定了本国的航天发展计划，以推动航天能力建设，同时非洲国家也开展了区域内航天经贸合作项目，并建立了相应的航天经贸合作对话机制，非洲国家在发展区域航天事业方面取得了较好的成效。

（1）推动航天探索与应用成为非洲国家共识

航天大国空间技术及其应用所带来的巨大经济社会效益，对非洲建立航天产业，起到了良好的示范效应，再加之南非、埃及、尼日利亚等区域内航天先行国家和非盟等国际组织的不断倡导，非洲国家参与国际空间活动、建立本国航天产业的意识得到了显著的提高。2016 年非盟国家元首和政府首脑会议通过了非洲空间政策,以作为非盟"2063愿景"的旗舰计划。该次会议敦促非盟成员国、区域经济共同体提高人们对空间科学在非洲经济社会发展中核心作用的认识,并动员非洲各国调动国内资源实施这一政策。为推动非洲空间政策与非洲各国空间计划对接,非盟要求成员国考虑不同行业和终端用户群的需求,制定非洲空间政策的实施框架,制定涵盖相关法律要求的治理框架,倡导各成员国设立相应的航天机构,提高航天技术和应用水平,发挥航天技术的经济社会效益。但是,由于各成员国政府在政策执行力和空间实力方面存在差异,非盟委员会认为必须维持常态性的工作机制以推动非洲空间政策的实施,否则非洲空间政策将毫无实际意义,因此,各国首脑决定延长非盟空间工作组的存续期限,以继续起草治理和执行框架,评估非洲空间资产和空间技术状况,为执行非洲空间政策提供信息基础。①

外层空间的重要战略地位,越来越受到各国的重视,外层空间已经成为现实主义国家利益观的重要考量因素。非洲国家航天意识的提高符合结构现实主义理论对外层空间的认识,即当空间技术成为可能时空间竞争就开始了,国家将航天探索与应用视作国家利益竞争在外层空间的延伸。在两极格局和多极格局下,国家对空间政策的选择是不同的。在当前"一超多强"的国际关系格局下,各国会依据自身国际地位采取相应策略,而不是"两极"格局下的被动选择。外层空间是人类继陆地、海洋、大气层之后的第四活动空间,对经济建设和国防安全具有重要影响,空间将在地球力量争夺中发挥基础性作用,空间控制力是影响国际关系中国家地位的不可或缺的因素,在缺乏空间领导能力的情况下,国家将失去其在地球上的优势。因此,任何一个国际关系格局中行为者——国家——都寻求在航天竞争中占据有利位置,包括非洲国家在内都力争在太空中占有一席之地,这从理论上揭示了非洲国家制定航天政策、成立国家航天机构的深层原因。

(2)非洲国家航天能力建设初见成效

尽管非洲国家经济发展落后,科技基础薄弱,航天事业尚处于起步阶段,但是随着航天意识的提高,一些非洲国家相继成立了国家航天管理机构,开展

---

① 参见非盟网站 https://au.int. 2022-2-3最后访问.

或参与了各种形式的航天活动，图 1 介绍了非洲国家航天机构和航天设施的建设情况。[①]

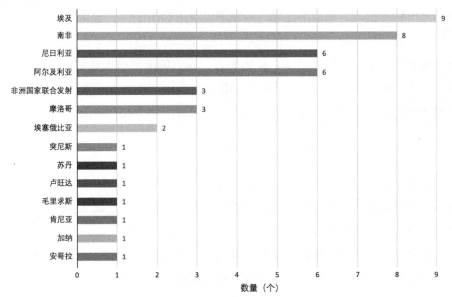

图 1　非洲各国发射卫星数量统计

　　由图 1 可知，在非洲大陆 54 个国家中，尼日利亚、南非、阿尔及利亚、埃及、摩洛哥、突尼斯等经济基础较好的非洲国家设立了航天机构，拥有本国卫星，相比其他非洲国家，这六个国家在航天领域的技术和应用更为先进，为世界空间探索与应用舞台增添了非洲色彩。而设立有航天机构，但还没有属于自己的卫星，或者仅有空间探索计划的国家，则表明其意识到航天科技及其应用的重要作用，正逐步采取措施为发展本国航天事业营造良好政策环境，无论是通过自研还是通过购买方式获得本国卫星均是投入巨大充满风险的行为，这是当前非洲国家航天事业发展所面临的巨大挑战。但是，其他非洲国家则因为创新体制失灵、政策的不稳定性、政府治理能力低下等诸多原因，目前尚未建立完整的航天机构或者出台空间计划，因此，南非、阿尔及利亚、尼日利亚、肯尼亚等国良好的空间设施基础和较为完善的航天活动管理体制，使得其成为非洲区域内航天合作与能力建设的重要力量，其他非洲国家依赖其获得空间数

---

① 参见非洲空间活动网站 http：//spaceinafrica. com. 2022 - 5 - 2 最后访问.

据和信息，气候变化研究、生物资源监测、环境保护等需要强化区域及全球治理的领域成为非洲各国区域航天合作的热点。促进本国航天科技的进步，在区域治理中发挥影响力则成为区域内后发国家寻求合作的内在驱动力。

除了开展各类航天项目建设以外，一些非洲国家也出台了有关航天或空间探索的政策或法律法规。但是，总体而言，非洲国家的航天政策或法律法规，无论在详细程度还是政策配套方面都与区域外其他国家存在较大差距，非洲国家需要在航天法规的制定方面加大力度以适应航天能力建设的需求。

（3）非洲区域内航天应用对话机制建立

随着航天意识不断提高，非洲国家开展了诸多的航天应用项目以改善非洲区域问题的治理，并建立了航天项目对话机制。尽管在资金以及技术方面面临诸多困难，但是区域内航天集体行动无疑增强了非洲国家在区域治理领域的能力，提高了非洲国家航天科技及其应用水平。当前非洲国家区域内部的航天项目主要集中于生物多样性、资源管理、地球观测等领域。

表1 非洲区域内航天应用项目

航天项目	宗旨	参与国	资金来源
全球生物多样性信息设施	推动生物多样性数据支持可持续发展	非洲全体54个国家	成员国
非洲资源管理卫星星座	地球轨道卫星每日为非洲提供高分辨率图像	阿尔及利亚、肯尼亚、尼日利亚和南非	成员国
非洲空间科学研究所	空间科学技术的多学科研究和应用	非洲全体54个国家	非　盟
非洲国家空间机构	地球观测	南非、尼日利亚、肯尼亚、阿尔及利亚	成员国

表1列举了当前非洲区域内开展的航天应用项目[①]，这些项目完全由非洲国家或者非盟提供资金支持，且成员国仅限于非洲区域内部，体现了非洲国家

---

① 参见联合国空间事务办公室网站 http：//www.unoosa.org/oosa/search.html? q = Africa + coopera-tion & btnG = Search&site = oosa&sort = date%3AD%3AL%3Ad1&entqr = 0&entqrm = 0&ud = 1. 2021 – 2 – 17 最后访问。

希望通过区域内部合作，提高本区域在自然资源监测、生物多样性、空间科技研究方面航天应用水平。通过分析表1可知，南非、尼日利亚、阿尔及利亚、肯尼亚等国在推动非洲区域内航天应用方面发挥了引领作用，而其他非洲国家更多地关注自然资源、环境保护领域普惠性的航天项目。2007年政府间发展组织成立了气候预测和应用中心，该中心设在肯尼亚内罗毕①，目前其成员国有布隆迪、吉布提、厄立特里亚、埃塞俄比亚、肯尼亚、卢旺达、索马里、乌干达、南苏丹、苏丹和坦桑尼亚。非洲国家希望通过该机构，推动各国在卫星数据共享方面深化合作，提高本区域各国的天气预报、气候监测、灾害管理能力。

非洲国家航天工业基础薄弱，各国航天政策和航天规划互相竞争缺乏协调性，大量欧美航天企业进入非洲航天市场造成航天服务功能重叠、覆盖区域交叉等情形，带来重复投资、轨位资源浪费等问题，而且欧美企业掌握航天市场定价权，非洲国家每年仅因通信转接服务即需向各大卫星运营商支付高达数十亿美元的费用。② 为协调非洲各国在航天领域的行动，增强非洲航天政策的协调性，非洲各国不仅通过各类航天应用项目促进航天科技研究及应用，还搭建了航天应用对话机制。空间科学和技术促进可持续发展非洲首脑会议（ALC）是有关空间科技区域合作的定期会议。会议旨在提高非洲各国领导人对空间科学技术重要性的认识，并加强非洲国家在空间技术开发和应用方面的合作。ALC的成员资格向所有非洲国家开放。③ 目前在ALC的推动下，由尼日利亚、阿尔及利亚、肯尼亚和南非四国联合开发的非洲资源管理卫星星座（ARMC）计划正式运营，为非洲的环境和资源管理提供实时数据。在卫星通信领域，1991年非洲国家部长代表会议通过了成立非洲区域卫星通信组织的报告，其宗旨在于促进构建覆盖全非洲的、经济而有效的通信卫星网络，实现非洲各国

① 政府间发展组织于1986年1月成立，前身为东非国家政府间抗旱与发展组织，1996年改为现名。该组织主张非洲国家在政治、经济、社会、人道主义事务、环保等领域进行全面合作，并协调成员国抵抗旱灾及相关自然灾害，帮助成员国解决中长期复兴与重建所面临的困难；向国际社会通报本地区灾情，呼吁并动员所有必要资源，实施成员国制定的紧急、中期和长期方案；确认成员国提出的具有地区意义的方案，并帮助这些方案的制订与实施获得资金，同时注重推动非洲国家环境保护和区域经济一体化。目前该组织成员国为埃塞俄比亚、吉布提、肯尼亚、苏丹、南苏丹、索马里、乌干达7国。

② 参见非洲区域卫星通信组织公司网站 http：//rascomstar.com/about－us/our－history/. 2021－11－19最后访问.

③ Martinez P. The African Leadership Conference on Space Science and Technology for Sustainable Development［J］. Space Policy，2012（1）：33－37.

间的直接通信，从而降低通信成本，除了高层协商会议外，非洲各国还成立了航天技术教育中心和航天应用论坛，以向非洲国家提供卫星通信和遥感技术方面的培训，加强卫星数据在粮食安全和地理信息系统建设方面的应用。①

1992 年 5 月非洲区域卫星通信组织（RASCOM）成立，成为非洲航天领域最大的政府间合作组织，非洲区域卫星通信组织旨在协调非洲各国卫星通信计划，促进形成持续有序的航天市场。继组建非洲区域卫星通信组织后，非洲各国，尤其是新兴航天国家积极推动组建航天联盟组织。近年来非盟将组建泛非空间机构——非洲航天局作为推动非洲国家空间合作的重要目标。如果非洲国家未能在外层空间国际规则的制定中主张非洲作为发展中国家的利益，那么非洲的外空活动就会走上矿物、石油和天然气一样的道路，失去独立自主发展的机会。2010 年非盟第三次部长会议通过了有关成立非洲航天局的可行性报告，并决定与国际电信联盟和联合国非洲经济委员会合作起草非洲空间政策以摆脱西方国家的航天技术统治。但是反对者认为很多非洲国家尚未制定国家航天政策，也未能参与到航天探索和应用活动中来，这些国家首先需要发展自身的空间能力，以使自身能在非洲航天局中发挥应有作用，成立非洲统一的航天机构不合时宜。非洲外层空间的发展似乎存在这样一个悖论，即建立泛非航天局与首先建立国家航天机构之间的悖论，然而两者之间并非互相排斥的对立关系，泛非航天局能够为非洲国家的卫星建造、空间发射、技术转让和基础设施建设提供更好的服务，并通过集体协调行动提高各国面对域外航天强国时的竞争力。航天活动具有高风险、高投入、高技术的特点，许多挑战超越了国家、文化和语言的差异，单一非洲国家难以承担如此高昂的成本或代价，而区域合作则能有效地凝聚各国力量化解风险、降低成本，形成"集中优势力量办航天"的局面。

1.1.2 非洲对外航天国际合作扩大

薄弱的空间技术基础成为非洲国家开展航天活动的阻碍因素，而通过航天

---

① 位于尼日利亚的非洲英语区域空间科学和技术教育中心，向 17 个英语非洲国家提供遥感和地理信息系统、卫星通信和卫星气象学方面的培训。非洲环境和安全监测（MESA）论坛，则利用从空间卫星获取的数据改善非洲大陆和各国的环境和粮食安全管理，该论坛也有利于促进非洲国家在地球观测数据利用方面的持续性投入。该论坛还与非洲各次区域组织建立了合作关系，卫星观测数据和信息惠及大多数非洲国家。

国际合作提升空间探索水平、促进空间能力建设成为了非洲国家开展航天活动的主要方式。

（1）非洲与美国、俄罗斯航天经贸合作

非洲国家重视与美国、俄罗斯、英国等西方航天大国开展航天合作，肯尼亚、摩洛哥、南非、莫桑比克等国积极参与美国航天局（NASA）所主持的多项空间科学探索与研究活动。① 通过利用 NASA 的空间教育资源提升本国空间科学技术、工程教育培训水平，并推动地球观测数据在非洲国家资源和环境管理、政府决策过程中发挥作用。②

非洲国家与俄罗斯航天经贸合作主要关注商业发射领域，非洲国家的大量卫星，如南非、埃及、尼日利亚和摩洛哥等国的卫星项目均由俄罗斯运载火箭发射升空。进入二十一世纪以来，俄罗斯与非洲国家的航天合作不断深化。③ 2006 年，俄罗斯和南非签署了"和平利用外层空间合作协定"，双方商定在卫星研制、发射及地面设施建造、地球观测、卫星数据信息分享应用方面加强合作。2009 年 6 月俄罗斯联邦航天局与安哥拉签署合同，由俄罗斯能源火箭航天集团为安哥拉建造、发射、运营该国首颗卫星"AngoSat - 1"④，用于安哥拉全国通信和电视转播业务，目前，该卫星已成功发射升空。⑤ 美国、俄罗斯等传统航天强国是非洲对外航天经贸合作的重要伙伴国家，这是因为美俄掌握了先进的航天技术，同时在冷战时期美俄两国在非洲国家开展了大量的军事航天

---

① 美国航天局（NASA）在非洲肯尼亚、摩洛哥、莫桑比克、南非和乌干达设有太阳光度计站点，构建了太阳观测数据分享网络体系。同时 NASA 开展了空间科学技术教育计划，南非、肯尼亚等国积极参与该项目。NASA 和美国国际开发署（USAID）联合开展 SERVIR 项目，2008 年该项目在肯尼亚成立区域中心。

② 肯尼亚同时还设有联合国资源测绘发展区域中心（RCMRD），该中心利用美国地球观测卫星提供的数据向成员国提供农业作物和水资源监测、灾害预警和管理，RCMRD 同时还承担了上述 SER-VIR 项目东非支持中心的任务。

③ 2003 年俄罗斯发射了一颗英国 Surrey 卫星技术公司为尼日利亚制造的"NigeriaSat - 1"卫星，使尼日利亚成为继南非、阿尔及利亚之后第三个拥有卫星的非洲国家，进而成为国际灾害监测星座（DMC）的成员之一，为世界灾难救援和资源管理提供遥感数据产品。参见张永红，张继贤，龙燕. DMC 卫星影像及其灾害监测应用［J］. 测绘科学，2006，31（1）：58 - 59.

④ 参见中国日报网站 http：//www. chinadaily. com. cn/hqgj/2009 - 06/24/content_ 8319413. htm，2022 - 3 - 22 最后访问。

⑤ 参见俄罗斯卫星通讯社网站 http：//sputniknews. cn/society/201711111024022455/，2022 - 3 - 24 最后访问。

合作项目,从而奠定了非洲国家与美俄开展航天合作的基础,尤其是美国在二十世纪八十年代在航天贸易方面所采取的鼓励与开放态度,促进了非美航天经贸合作。

南非、尼日利亚等具有一定航天经验的非洲国家,更多地注重与区域外航天大国开展航天经贸合作提高自身的空间能力[①],通过对外卫星采购满足国内日益膨胀的航天产品市场需求,并在非洲区域内的航天合作中扮演倡导者和领导者的角色。对非洲国家而言,通过与航天大国的合作,能够引入多方合作伙伴,化解预算不足所带来的资金风险,毕竟航天活动本质上是一种高投入、高风险的科研活动,单一非洲国家财力有限,难以承担高昂的成本,而航天国际合作则有利于多方筹措资金,美俄等航天强国则借此得以进入非洲航天市场,成为非洲航天市场最早的角逐者,占据了大量的市场份额。

(2) 非洲与区域外国际组织航天合作不断密切

与非洲本土国家相比,非洲国家更希望通过与区域外国际组织的合作,参与国际外层空间探索与利用项目,引入先进技术。下表列出了非洲与区域外国际组织合作开展的航天项目。[②]

表 2 非洲与区域外组织航天合作项目

项目	项目内容	非洲国家参与情况	资金来源
非洲促进可持续发展环境监测项目	地球观测	非盟	欧盟、非盟、区域经济共同体、非洲环境部长级会议
欧洲第二代气象卫星在非洲的准备项目	气象和水文服务	54 个	东南非共同市场、西非经济共同体、政府间发展组织、南非发展共同体、中非经济发展共同体、欧洲气象卫星开发组织

---

① 2011 年 8 月由英国卫星公司设计制造了尼日利亚地球监测卫星"尼日利亚星 2 号",此后尼日利亚科研人员自行研制了技术验证卫星"尼日利亚星 X 号"卫星,后者是首颗由非洲人研制的卫星,通过俄罗斯运载火箭成功发射升空,这两颗卫星用于解决尼日利亚水资源管理、农业用地监测、灾害管理领域面临的难题,在尼日利亚卫星研究和应用历史上具有里程碑意义。

② Mwangi Elizabeth Wangari. Africa's International Relations in Outer Space Activities [D]. University of Nairobi. Octorber 2016.

项目	项目内容	非洲参与情况	资金来源
全球环境安全监测计划	地球环境和安全观察	6 个	欧盟
全球地球观测综合系统	全球对地观测	22 个	欧盟和项目参与国
非洲、加勒比和太平洋可持续发展气象站	基于空间的环境和自然资源监测	48 个	欧盟和项目参与国
老虎行动	非洲水资源综合管理研究和地理信息	42 个	欧盟、联合国教科文组织
非洲植被项目	植被数据	54 个	欧洲气象卫星开发组织、欧盟、非盟
非洲海洋数据与信息网络	海岸和海洋数据信息	25 个	非盟、非洲发展新伙伴计划、联合国教科文组织
非洲气候发展	非洲气候敏感部门和区域的政策	54 个	非盟、联合国非洲经济委员会、欧盟
生态系统与水资源综合管理遥感应用观察项目	生态系统和水资源	所有非洲国家	联合国教科文组织
非洲海洋信息系统	监测海岸和海洋水体	非洲沿岸国家	欧盟
全球粮食安全监测	食品粮食地球观测	南非发展共同体	联合国粮农组织、联合国粮食计划署、欧盟
中非森林观测	监测中非森林	10 个	欧盟委员会联合研究中心、联合国粮农组织
国际鸟类联盟非洲伙伴计划	监测鸟类物种和栖息地	22 个	欧盟委员会
联合国非洲经济委员会地理信息系统部分项目	空间数据	54 个	非盟、联合国
全球地球观测数据分发平台	传输有关疾病、干旱、生物多样性、自然灾害、空气和水质、海洋状况、生态系统的实时数据	54 个	欧洲气象卫星开发组织、欧盟

续表

项目	项目内容	非洲参与情况	资金来源
全球气候变化联盟	将气候变化纳入发展合作和减贫战略	54 个	欧盟、非盟
中国巴西非洲地球资源卫星	地球资源监测卫星	南非	成员国
环境规划署、粮农组织、联合国外空事务办公室	有关早期预警和环境监测的对地观测以及空间科学能力建设	54 个	联合国
非洲区域海洋观测和预报系统项目	非洲海洋观测、预报和信息传送综合系统	29 个	联合国、非盟（非洲发展新伙伴关系）
世界气象组织非洲项目	全球观测网络	54 个	联合国
SERVIR	监测和预测生态变化和严重事件如火灾、洪水、火山、风暴	所有非洲国家	美国航天局、美国国际开发署、世界银行

表 2 列出了非洲与域外国际组织开展航天合作的项目情况，目前非洲国家与域外国际组织共合作开展了 22 个航天项目，而前文非洲区域内航天合作项目仅为 4 个，这意味着非洲区域内部航天合作项目只得到了少数非洲国家的支持或响应，这是因为非洲区域内缺乏掌握有先进技术的航天大国，而区域外国际组织或卫星运营组织不仅航天技术成熟可靠，而且运营经验丰富。在资金来源方面，非洲国家参与的 22 个航天项目中，欧盟参与提供资金的项目达 14 个，其中有 4 个项目的资金完全由欧盟提供，欧盟成为非洲区域外航天合作的主要对象。欧盟及欧洲卫星运营组织高度重视与非洲国家开展航天合作，并占据了非洲的主要航天市场。非洲与欧盟的航天合作主要聚焦于地球观测和卫星导航方面。除了与非洲单个国家之间开展航天项目，欧盟还与非盟开展了多项区域治理航天应用项目。[①] 非洲和欧盟不仅在具体项目上开展了深度合作，双

---

① 2007 年 12 月在里斯本召开的"欧盟－非洲首脑会议"，提出"全球环境安全监测（GMES）－非洲倡议"，该倡议旨在满足非洲用户在气候变化、水资源管理和粮食安全等领域的需求。其他项目包括非洲－欧洲地理资源观测系统（AEGOS）、欧洲地球静止导航重叠系统（EGNOS），EGNOS 是欧洲自主开发的卫星导航星基增强系统，为用户提供更高精度的导航服务。目前该系统在欧盟、欧空局的联合推动下，已经为非洲用户提供导航服务。

方还建立了常态化的会议机制为合作提供协商平台，"欧盟—非洲空间三驾马车会议"即是双方合作的重要平台，在该会议的倡导下，来自非盟和欧盟委员会的空间事务代表组成论坛，以促进空间合作和监督合作协议的执行。① 欧盟对非航天合作发展方向是积极参与联合国对非航天应用项目，促进欧盟航天应用与服务水平的提高，并扩大其在世界空间外交领域的影响力。

1.2　研究的目的与意义

2013 年，习近平总书记在接见天宫一号任务科技工作者时提出，发展航天事业，建设航天强国，是我们不懈追求的航天梦，这是十八大以后，习近平总书记首次提出"建设航天强国"的宏伟目标。此后，习近平总书记多次就航天强国战略作出论述，至党的十九大，明确提出建设航天强国的奋斗目标。中非航天贸易是建设航天强国战略的重要组成部分，研究中非航天贸易的发展及其特点，并为之提供完善的法律保障，不仅有利于增强中国航天国际竞争力和影响力，助力航天强国战略的实现，而且也有利于巩固中非传统友谊，深化中非合作关系，促进中非经贸关系向更高水平发展。开展中非航天贸易法律机制研究主要有以下三个目的。

（1）拓展中非关系，建设互利共赢的合作机制

航天贸易是中非关系在高技术领域合作的重要体现，是中非关系在新时期的重要发展，加强对中非航天贸易法律机制的研究，有利于深化中非合作关系，为中国航天国际化和非洲国家航天能力建设提供法制保障，实现中非互利共赢的合作理念。

（2）有效推动商业航天战略

中非航天贸易是中国航天商业化的催化剂和主战场，为中国商业航天战略的实施提供了广大的市场和空间，通过构建适应中非航天贸易特点的法律机

---

① "三驾马车会议"还旨在将欧盟的空间资源向非洲开放，提高非洲各国空间活动的协同增效作用，并将空间活动与非洲的可持续发展战略相联接。

制，有利于确保商业航天战略在规范化、法治化的道路上发展，推动商业航天战略具体实施。

（3）为"一带一路"建设提供制度保障

非洲是"一带一路"倡议的重要节点，中非航天贸易是"一带一路"空间信息走廊建设不可或缺的组成部分，将中非航天贸易纳入法律规制范畴，保障空间信息走廊建设的顺利实施，进而为"一带一路"倡议在非洲的实施提供信息基础设施，为"一带一路"其他建设项目的制度保障提供借鉴和参考。

1.2.1 理论意义

研究中非航天贸易的发展及其法律问题，并构建适应中非航天贸易特点的法律机制，不仅拓宽了中国对非研究的领域，丰富了非洲法研究的内容，而且有利于为中国航天商业化和参与国际市场竞争提供法律保障，中非航天贸易法律机制研究具有以下三个方面的理论意义。

（1）开拓中国非洲法研究的新领域，拓展中国航天法研究视野

目前中国非洲法研究已经成为一门独立的学科，传统非洲法研究主要关注非洲宏观法律环境，以及投资、民商事、劳工环保等领域法律问题，中非航天贸易法律机制研究将非洲法研究扩展到高科技贸易领域，不仅适应了中非贸易发展的需求，为非洲法研究开辟了新的空间，同时也将中国航天法研究从空间资源开发与利用、航天活动管理等领域扩展到航天贸易、航天商业化领域。

（2）拓展中国航天法律制度研究新路径

当前中国航天法律制度的研究具有"内向"性，主要关注国内航天法律制度的完善，以适应航天产业军民融合发展的需求，同时又具有"西向性"，主要研究西方国家航天法律制度，以促进中国航天立法与国际空间法的立法趋势对接，而缺少有关中国航天"走出去"参与世界竞争的法律制度研究。中非航天贸易法律机制研究从中国航天国际化和中非合作的角度出发，在充分分析中非双方航天法律制度的基础上为中非航天贸易构建法律保障体系，研究路

径具有"开放性"和"国际性"。

（3）构建全新的中非航天贸易法律制度

中非航天贸易具有不同于普通贸易的特点，现有的贸易法律制度存在适用困境，中国国内并未就航天贸易制定专门的法律规定，国际现有航天贸易法律制度，服务于西方航天强国航天市场和技术垄断，对发展中国家实行歧视性的不公平贸易制度，亦无法规制本质上属于"南南合作"范畴的中非航天贸易。本书从中非航天贸易的历史演进和特点出发，在充分考虑中非航天产业发展需求的基础上，构建了全新的航天贸易法律机制，对于促进中非航天贸易发展具有法律保障意义，丰富了世界航天贸易与合作的法律实践。

1.2.2 现实意义

加强对中非航天贸易的研究，并为之提供法律制度保障，有利于将发展中的中非航天贸易纳入法治轨道，促进中非合作关系的不断深化，具体而言中非航天贸易法律机制的研究具有以下现实意义。

（1）为推进实施国家"一带一路"空间信息走廊建设提供制度保障

为了支撑"一带一路"建设，中国作出了"一带一路"空间信息走廊建设的战略部署，预计通过十年的周期建设覆盖"一带一路"沿线所有国家和地区的天基信息网络，非洲既是"一带一路"倡议的建设方向，也是中国航天参与市场竞争的重要舞台，因此中非航天贸易当属"一带一路"空间信息走廊建设的重要区域。本书从中非航天贸易的发展进程和特殊性出发，并考虑到中非航天贸易面临的国际环境，努力为中非航天贸易构建一套有效的法律机制。不仅有利于中非航天贸易的进一步发展，也为"一带一路"空间信息走廊建设提供了法律制度保障。

（2）为中非合作开拓新的领域

当前中非合作主要在政治、经贸、文化等领域开展，其中经贸领域的合作尤为突出，中非航天贸易法律制度的研究开拓了中非合作的新领域，不仅推动中非合作由普通货物贸易向高附加值的航天贸易发展，同时将在高技术贸易便利化与管控等方面的法律合作纳入中非法律合作范畴，扩大了中国与非洲国家法律合作的空间。

（3）为解决中非航天贸易法律问题提供对策

中非航天贸易的进一步发展需要为其提供理论支撑，通过对中非航天贸易的特殊性和法律规制的路径进行分析，得出中非航天贸易具有不同于世界其他国家航天贸易的特点，需要构建适应其特点的法律规制机制。中非航天贸易法律机制的研究从中国与非洲国家航天贸易的外部与自身特殊性出发，并结合国际贸易、航天治理等理论，从而为解决中非航天贸易与法律问题提供理论支撑。

1.3　国内外研究现状

中非航天贸易作为一种全新的贸易类型，其兴起时间较晚，目前在中非贸易总量中占比较少，尚未在国内外学术研究领域引起足够的重视，无论是空间法学界抑或非洲法学界，鲜有学者对中非航天贸易进行直接的研究，涉及中非航天贸易相关议题的研究呈现分散化、条块化的特点。

1.3.1　国内研究现状

在与中非航天贸易法律制度议题相关联的研究领域，大部分学者将研究的目光聚集在中国及世界航天市场概况分析、航天贸易的类别化法律研究、中非经贸投资法律研究以及更为广泛的中非经贸合作研究，国内学者在这些领域的研究为中非航天贸易法律机制研究打下了一定的基础。

（1）全球航天贸易市场研究

总体而言，国内缺乏对于航天贸易的直接研究，这与中国航天参与国际市场竞争的时间较短、航天贸易在中国对外贸易中占比较少密切相关。国内学者对于航天贸易的研究仅限于某一方面或某一领域的市场或产业分析，往往具有产业管理和国民经济研究的色彩，为中国航天产业布局和开拓国际市场提供了大量的信息。这些研究主要来源于中国航天工业体系内部研究人员，如陈元

伟、肖潇等人就商业遥感卫星市场及数据服务模式①、商业通信卫星市场发展
状况所进行的研究②，均认为当前商业航天市场正处于快速增长阶段，中国应
加快推进航天体制改革和商业化进程，发挥自身独特优势参与市场竞争。③ 而
来自北京空间科技信息研究所的高菲则连续就 2015 年和 2016 年中国航天产业
上市公司发展状况做了具体分析，认为中国航天产业持续健康发展，知识产权
开发与保护意识进一步提高。④ 此外来自大连理工大学的张春博等学者从科技
管理的角度就国际航天产品贸易格局做了实证分析，认为自 2002 年以来中国
航天贸易地位得到提高，但应加大对于关键技术的研发，降低对于西方国家的
技术依赖。⑤ 上述产业经济发展和科技管理角度的分析论文对于中非航天贸易
法律机制的研究提供了较为翔实的数据资料。

（2）航天贸易法律及有关制度研究

中国学者关于航天贸易法律问题的研究，最早可以追溯到著名国际空间法
专家贺其治先生于 1990 年所著的《中国航天技术进入国际市场的法律问题》，
在该文中贺先生分析了中国航天技术进入国际市场将会面临国家赔偿责任、技
术安全、产品责任等法律问题，以及中美协议当时对此问题的规定，该文对中
国航天进入世界航天市场起到了很好的法律警示作用⑥，由薄守省、高国柱教
授主编的《航空航天产品、技术与服务贸易法律问题研究》一书，是国内研
究航天贸易法律问题的专门著作，该书对欧美航天贸易管控和技术转让制度做
了详细的对比分析，该书还研究了美国商业卫星发射和卫星出口法律政策对向
中国卫星出口的限制措施，此外还对中国卫星跨境直播上的法律规定做了评
析⑦，但该书对航天贸易法律问题的研究分散于航天贸易管控、卫星直播以及

---

① 陈元伟，张婷，丁娅萍等. 新型卫星遥感数据服务商业模式研究 ［J］. 卫星应用，2015
（10）：42 - 48.
② 肖潇. 商业遥感卫星市场现状及发展研究 ［J］. 卫星与网络，2017（7）：62 - 64.
③ 李东，何英. 2014 年商业通信卫星市场综述 ［J］. 中国航天，2015（5）：33 - 40.
④ 高菲. 2015 年中国航天产业上市公司发展分析 ［J］. 卫星应用，2016（8）：8 - 15.
⑤ 张春博，丁堃，刘则渊等. 国际航空航天产品贸易格局（2002—2012 年）实证研究——基于
社会网络分析的视角 ［J］. 科技管理研究，2015（13）：120 - 125.
⑥ 贺其治. 中国航天技术进入国际市场的法律问题 ［J］. 中国航天，1990（12）：8 - 10.
⑦ 薄守省，高国柱. 航空航天产品、技术与服务贸易法律问题研究 ［M］. 北京：法律出版社，
2010.

太空旅游等方面，未能针对航天贸易自身特点，构建航天贸易法律保障机制。贺富永、郭莉等人编写的《航空航天知识产权法律研究》一书，比较系统地介绍了航空航天知识产权的法律价值和法律原则，并提出要通过知识产权制度激励创新，掌握航空航天领域的核心科技，该书介绍了航空航天知识产权法律的实施与管理制度及仲裁和诉讼救济制度，但是其提出的国防利益至上，以及国家利益最大化的原则，在航空航天商业化、私营化的趋势下，尤其是考虑到我国航天科技转化效率低的困境，这种观点无益于提高航空航天产业的竞争力和持续的创新力。① 湘潭大学蔡高强教授则对美国、欧盟的航天产品贸易管控法律制度做了详细的对比研究，并在此基础上提出了构建中国航天产品贸易管控法律制度的具体建议，认为应完善我国滞后的航天立法，推动将商业航天活动纳入航天法律规制范畴，其研究对推进中国航天产品管控法律制度研究具有重要意义。②

（3）中非法律合作和法律关系研究

湘潭大学非洲法律与社会研究中心有关非洲法律方面的研究主要涉及非洲投资法、非洲国际法以及中非司法合作等多个方面③，其中尤以非洲经贸投资法研究对中非航天贸易法律机制的构建具有借鉴意义。④ 该研究中心有关地区性经贸组织法律制度研究，为构建中国与非洲航天贸易国际合作法律机制奠定了基础。⑤ 朱伟东教授主要聚焦于非洲投资法、非洲民商事争端解决的研究⑥，朱伟东教授在其《中非贸易与投资及法律交流》一文中⑦，分析了中非贸易快速增长得益于中非经济的互补性和双方贸易政策对接，但是中非之间的法律交

---

① 贺富永. 航空航天知识产权法律研究 [M]. 北京：科学出版社，2015.

② 蔡高强，高阳. 欧盟航天产品贸易管控法律制度及其借鉴 [J]. 北京理工大学学报（社会科学版），2012（2）：107－112.

③ 洪永红，李雪冬，郭莉莉. 中非法律交往五十年的历史回顾与前景展望 [J]. 西亚非洲，2010（11）：5－10.

④ 洪永红，郭炯. 非洲法律研究综述 [J]. 西亚非洲，2011（5）：42－46.

⑤ 蔡高强，朱伟东. 东南部非洲地区性经贸组织法律制度专题研究 [M]. 湘潭：湘潭大学出版社，2016.

⑥ 朱伟东. 中非要重视仲裁争议解决机制——《中非争议解决：仲裁的法律、经济和文化分析》[J]. 中国投资，2017（16）：88－88.

⑦ 朱伟东. 中非贸易与投资及法律交流 [J]. 河北法学，2008，26（6）：176－180.

流与合作却没有得到重视，朱教授呼吁学界加强对非洲统一商法和中非经贸纠纷解决的研究。在《非洲地区一体化进程中法律一体化》一文中，朱伟东教授指出非洲法律一体化已经取得了一定的成果，但是依然面临诸多困难，非洲国家应尽量推动非洲在贸易、投资方面的法律一体化进程。李伯军副教授《当代非洲国际组织》一书对非洲所有区域与次区域国际组织法律机制做了详细的介绍。① 上述有关非洲法律一体化和区域组织的研究为构建中非航天贸易双边与多边条约机制提供了重要参考。

(4) 中非经贸合作研究

北京大学李安山教授在其《中非关系研究三十年概论》一文中详细总结了中国学者对中非交通史和近代中非关系的研究状况②，并指明了中非关系研究的发展方向。上海师范大学舒运国教授对中非经贸关系做了详细的分析，他认为中非经贸关系从内部来看存在产业结构趋同性和贸易不平衡性的问题，从外部环境来看受到西方国家在非经贸活动的挤压，应调整中非贸易结构，促进改善非洲投资环境。③ 厦门大学黄梅波、范修礼与舒运国教授所持观点基本相同，提出应改变偏重能源合作的局面，扩大双边合作领域，加强引导企业进入非洲市场。④ 邹晓兵的研究发现，中国与非洲主要出口国相关的七类进口商品增长速度，是中国全部进口商品平均增长速度的 1.5 倍。⑤ 周升起在《中非贸易现状及对策分析》一文中指出了中非贸易发展不理想的原因和存在的问题⑥，主要表现在部分外贸企业对非出口产品品种少、质量差、售后服务跟不上，多数外贸企业长期以来有重出口、轻进口的思想等问题。⑦ 李延长的《中非经贸关系发展的现状与前景》从中非合作的机遇角度，指出中非传统友谊为双方提供了发展经贸合作的坚实基础，同时非洲经济持续好转，贸易投资环

---

① 李伯军. 当代非洲国际组织 [M]. 杭州：浙江人民出版社，2013.

② 李安山. 中非关系研究三十年概论 [J]. 西亚非洲，2009 (4)：5 – 15.

③ 舒运国. 中非经贸关系：挑战与对策 [J]. 上海师范大学学报 (哲学社会科学版)，2008，37 (5)：31 – 35.

④ 黄梅波，范修礼. 中非经贸关系：现状、问题与对策 [J]. 国际经济合作，2009 (10)：14 – 18.

⑤ 邹晓兵. 中非经贸合作前景探析 [J]. 现代管理科学，2004 (11)：71 – 72.

⑥ 王佳. 中非经贸合作与发展研究 [D]. 大连：东北财经大学，2007.

⑦ 周升起. 中非贸易现状及对策分析 [J]. 国际贸易问题，2000 (2)：18 – 23.

境改善，双方经贸关系的互补性也使得双方经贸合作具有广阔的发展前景①，中国社会科学院贺文萍教授也持相近的观点。②

谢岩、董敏杰从调查中发现，非洲的经济已日益呈现出越来越强的多元化，这种经济的多元化并不只是在石油国家呈现出来，而更重要的是在非石油国家呈现出来③，因此非洲国家需进行国家政策的相应调整。④ 翟风杰主编的《非洲一体化背景下的中非合作》一书，比较系统地论述了非洲一体化的进程，探讨了开展中非合作的策略选择，中国应该率先制定合作议程，以多种方式扩展双边和多边合作，在气候变化、环境和全球治理等宏观领域可以加强合作。在中非关系快速发展的大背景下，中国应加强与非盟的关系发展。⑤ 江西师范大学张泽忠教授对中非现有经贸合作机制做了系统的研究，既指出了中非经贸合作存在的组织机制脆弱、贸易不平衡、贸易保障机制缺乏等问题，也提出了应建立更紧密的合作组织机构和风险防范机制以及贸易政策协调审查机制等具体举措，对推动中非经贸合作研究具有重要意义。⑥

1.3.2　国外研究现状

相比较非洲国家与欧美国家之间的航天贸易而言，中非航天贸易规模较小，国外学者尚未对中非航天贸易进行直接的研究，但从以下三方面开展了相关主题的研究。

（1）有关中国航天政策的研究

美国海军战争学院教授中国空间计划问题专家约翰逊·弗里斯（Joan Johnson – Freese）在其文章 The Future of the Chinese Space Program 中从民用和军事用途两方面介绍了中国空间计划的未来发展，指出中国需要对其空间活动管理体制进行改革，以适应空间活动商业化，并认为加强国际合作将成为未来

① 王佳. 中非经贸合作与发展研究 [D]. 大连：东北财经大学，2007.
② 贺文萍. 中非经贸合作转型升级 [J]. 中国投资，2016 (05)：84 – 85.
③ 莫克塔. 中非贸易发展研究 [D]. 大连：大连海事大学，2009.
④ 董敏杰. 中非贸易发展：现状与前景 [J]. 新远见，2007 (8)：76 – 82.
⑤ 翟风杰. 非洲一体化背景下的中非合作 [M]. 北京：世界知识出版社，2013.
⑥ 张泽忠. 新时期中非经贸合作机制研究 [M]. 上海：上海人民出版社，2013.

一段时间中国空间计划的重要方向。① 作者还从技术上指出，中国需要进一步开发大载荷的运载火箭，以满足重大的空间发射需求。伦敦国王学院马克教授（Mark Hilborne）在其文章 China's Rise in Space and US Policy Responses：A Collision Course? 中，提出中国近年来的空间活动显示了中国利用外空的雄心壮志，作为在外空有大量投资和严重依赖外空利用的美国，则会加强对中国空间活动的监视，美国为了确保其空间优势，将不得不在空间安全管控和空间国际合作方面作出决定，同时由于中国空间政策的不透明，造成了美国空间决策的复杂化。② 全球环境战略研究所学者劳拉·德尔加多（Laura M. Delgado - López），在其 Sino - Latin American Space Cooperation：A Smart Move 一文中，通过分析中国和拉丁美洲国家的空间合作状况，得出在未来几年，中国和拉丁美洲的合作将继续保持增长趋势，其认为国内和国际的利益考虑是拉丁美洲国家与中国开展空间合作的重要因素，尤其是国内利益的需求，并通过四个具体合作项目予以论证。文章最后指出，与美国的关系，是拉丁美洲国家与中国空间合作的重要的考虑因素。③

（2）有关外空知识产权的研究

比较有代表性的研究成果有，美国学者巴尔萨诺（Anna Maria Balsano）发表的 Intellectual Property Rights and Space Activities——A Worldwide Perspective 一文主要介绍了欧洲航天局关于知识产权法律问题和空间活动的讨论，揭示了欧洲国家的空间知识产权保护的动向。④ 阿诺德教授（Arnold Vahrenwald）在其著作 Intellectual Property on the Space Station "Freedom" 中则明确提出了在国际空间站适用知识产权制度的议题。瑞典教授伯克（Burk D L）在美国新泽西西东大学法律评论发表的 Protection of Trade Secrets in Outer Space Activity：A

---

① Johnson - Freese J. The Future of the Chinese Space Program ［J］. Futures，2009，41（8）：566 - 568.

② Hilborne M. China's Rise in Space and US Policy Responses：A Collision Course? ［J］. Space Policy，2013，29（2）：121 - 127.

③ Delgado - López L M. Sino - Latin American Space Cooperation：A Smart Move ［J］. Space Policy，2012，28（1）：7 - 14.

④ Balsano A M. Intellectual Property Rights and Space Activities ［J］. Space Policy，1995，11（3）：204 - 209.

Study in Federal Preemption 提出①，考虑到未来空间利用的商业化，应该完善商业秘密保护在外层空间活动的应用程序。美国学者戴维·伊丽米（David Irimies）在其 Promoting Space Ventures by Creating an International Space IPR Framework 一文中提出②，在空间活动国际合作的背景下，要打破国际空间法和传统知识产权框架的束缚，建构一个统一的、可靠的国际空间知识产权法律框架，以促进外空投资和创新。

(3) 欧美国家的航天贸易法律机制研究

美国保维斯律师事务所合伙人菲利普·斯佩克特（Philip L. Spector）所著的 Satellite Export Control: Five Years and Counting，主要谈到了美国通过《国际武器贸易条例》对美国的航天产品出口管控制度进行改革，原来由商务部掌握的航天产品出口审批权，现在改由国务院行使。将审批权由商务部收归国务院统一管理，这意味着美国加强了对于航天贸易的出口管控，这给美国航天产业的商业部门带来了不利影响，减小了美国航天产业在国际市场的竞争力。加拿大麦吉尔大学米内罗教授则分析了美国和欧盟在对华卫星出口管制政策上的分歧及其对美国卫星出口管控政策的影响③，德国宇航中心安东内拉·比尼（Antonella Bini）在 Export Control of Space Items: Preserving Europe's Advantage 一文中④，认为欧盟航天贸易能够快速发展，并占据较大份额的市场，与美国的限制出口政策之间存在密切联系，同时欧盟自身宽松的贸易政策也促进了欧盟航天贸易的发展，但欧盟作为一个国家集团，在对外航天贸易政策上难以实现完全一致，而且各国的航天贸易政策也存在较大差异。美国律协航空法与空间法论坛空间部主席乔纳森（Jonathan M. Epstein）所著的 Exporting Commer-

① Burk D L. Protection of Trade Secrets in Outer Space Activity: A Study in Federal Preemption [J]. Seton Hall Law Review, 1993 (23): 560.

② Irimies D. Promoting Space Ventures by Creating an International Space IPR Framework [J]. European Intellectual Property Review, 2011 (35): 120.

③ Mineiro M C. An Inconvenient Regulatory Truth: Divergence in US and EU Satellite Export Control Policies on China [J]. Space Policy, 2011, 27 (4): 213–221.

④ Bini A. Export Control of Space Items: Preserving Europe's Advantage [J]. Space Policy, 2007, 23 (2): 70–72.

cial Satellite Technology：Coping in the Current Regulatory Environment 中认为①，美国的卫星贸易政策造成了美国卫星出口审批的拖延，制约了美国卫星产业的发展。美国需要在国家安全与航天贸易自由之间作出适当的平衡，改革现行的审批程序，促进卫星出口，但是作者也指出，这种改革将面临重重的阻力，尚需时日。

（4）有关非洲空间法律政策的研究

非洲国家航天事业起步较晚，相比世界其他国家航天产业，在技术和经验方面存在一定的差距，一定程度上造成国外学者对非洲空间法律政策的研究不足，目前比较有代表性的研究成果有非盟航天小组在非盟会议上所作的非洲航天政策报告，该报告强调成立非洲统一的航天机构，呼吁各国协调航天政策并加强区域内部国家合作。② 非盟委员会哈基姆·埃尔瓦尔（Abdul – Hakim El-waer）博士在其发言报告 The African Space Agenda：Current and Future Prospects 中详细分析了统一的非洲航天政策和行动对于促进非洲在遥感、导航通信、自然资源管理、气候变化、灾害监测管理等方面开展合作具有关键性的作用。③ 尼日利亚国家空间研究发展局拉比乌（Babatunde Rabiu）研究员在 2017 年维也纳召开的国际空间天气倡议执委会会议上，以报告的形式详细介绍了非洲参与国际空间天气倡议的情况以及地面观测项目建设、人员培训项目在非实施情况，展示了非洲参与国际空间合作的努力。④ 联合国裁军研究所 The Role of Norms of Behaviour in African Outer Space Activities 研究报告，分析了非洲国家通过空间应用促进经济发展的现状，提出了非洲空间活动可持续发展面临的风险，并呼吁通过构建一套空间行为规范框架，实现非洲空间探索活动的可持

---

① 　Jonathan M. Epstein. Exporting Commercial Satellite Technology：Coping in the Current Regulatory Environment ［M］. American Bar Association Forum on Air & Space Law. 2001（10）：29.

② 　参见非盟报告 African Space Policy（Draft Version 7）.

③ 　The African Space Agenda：Current and Future Prospects. Enhancing Confidence, Securing Space Stability UNIDIR Space Security Conference 2013.

④ 　Space Weather Activities in Africa – Prospects and Challenges. ISWI Steering Committee 1st February 2017 UNOV, Vienna, Austria

续性发展。① 国外学者对非洲空间法律政策的研究呈现分散化, 既有加拿大国家航天局高级研究员格雷厄姆·吉布斯 (Graham Gibbs) 将南非视作新兴航天国家而对其航天政策予以分析②, 也有欧洲空间政策研究所克里斯蒂娜 (Christina Giannopapa) 教授从欧盟与非洲关系角度, 探寻提高非洲在空间应用中的利益③, 此外来自内罗毕大学的旺加里 (Mwangi Elizabeth Wangari) 则从国际关系的角度, 对非洲各国的空间能力以及与域外航天合作的情况做了详尽的分析, 提出应通过建立泛非空间机构, 积极参与国际空间法立法过程, 并保持政策制定的开放性, 来实现非洲本土航天产业的可持续发展。④

对于有关私人实体参与非洲航天产业建设的问题, 耶鲁大学 McDougal 教授和 Vlasic 教授认为, 包括私营公司在内的非政府实体在外层空间探索开发中将发挥重要作用。⑤ 其他学者, 如已故的 C. Wilfred Jenks 和 Carl Christol 教授也持相同的观点, 认为在为全人类利益而进行的航天活动中应增加私营色彩。⑥ Jenks 博士认为, 政府需要鼓励外空活动, 尤其是鼓励私营企业发射火箭或卫星。⑦ 上述学者的观点为私营实体进入非洲航天贸易市场提供了理论支撑。

1.4　研究方法

中非航天贸易法律机制研究以中非航天贸易发展现状为基础, 立足现有法律机制的缺陷, 综合多学科知识, 力图构建适应中非航天贸易发展需求的航天

---

① The Role of Norms of Behaviour in African Outer Space Activities, United Nations Institute For Disarment Research.

② Graham Gibbs. An Analysis of the Space Policies of the Major Space Faring Nations And Selected Emerging Space Faring Nations [J]. Annals of Air And Space Law. VOL. XXXVII. 2012. 19.

③ Giannopapa C. Improving Africa's Benefit from Space Applications: The European – African Partnership [J]. Space Policy, 2011, 27 (2): 99 – 106.

④ Mwangi Elizabeth Wangari. Africa's International Relations in Outer Spacee Activities [D]. University of Nairobi, 2016.

⑤ Harold D. Law and Public Order in Space [M]. Yale University Press. New Haven 1963: 6 – 13.

⑥ Christol C. Q. The International Law of Outer Space [M], Naval War College Newport, Rhode Island, 1962: 84 – 88.

⑦ Rao K K. International Law: The Development of International Law by the International Court [J]. India Quarterly a Journal of International Affairs, 1960 (16): 370 – 372.

贸易法律机制，研究方法具有多样性。

1.4.1 历史分析法

分析中非交往合作的历史背景以及中非航天贸易的发展历程，对现有国内与国际航天贸易相关法律规范进行研究，在此基础上，对中非航天贸易所依据的法律机制作出评价，并依据中非航天贸易的特点，构建符合其实际发展需求的法律保障机制。

1.4.2 对比分析法

在分析中非航天贸易特殊性的过程中，同时从纵向和横向两个维度进行对比分析。从贸易不断深化的角度纵向分析中非航天贸易相对中非间普通贸易的区别与特征，并从横向对比，分析同时期欧美国家对非航天贸易法律政策和国际空间法以及贸易法对于航天贸易的规制情况，得出其对于中非航天贸易的适用性，从而提出构建中非航天贸易法律机制的必要性。

1.4.3 规范分析法

对航天贸易的相关定义和特征做了界定，对航天贸易相关的国际贸易法、空间法的概念和规定做了具体的分析。结合航天贸易特殊性，对现有国际贸易法理论、国际经济理论、中非合作理论、空间法相关理论进行分析，探寻中非航天贸易法律规范的理论支撑和立法目的，从而为健全和完善探月工程知识产权保护法律制度奠定理论基础。

1.4.4 跨学科分析法

中非航天贸易法律机制的研究具有跨学科性，涉及多个法律部门，在法律机制的研究过程中需综合分析国际贸易法、国际空间法、各国国内航天贸易法规等多种法律法规，对中非航天贸易法律机制进行较全面的分析，同时结合非洲一体化进程和非洲区域合作相关知识，分析中非航天贸易的外部环境和内在驱动力，将航天贸易法律规范与中非航天贸易发展实践结合分析，以期增强中非航天贸易法律机制的实践指导作用。

1.5 研究的创新点

1.5.1 选题新颖

航天贸易作为新兴贸易类型,其本身具有多重特殊性,对于跨国航天贸易行为的规范化问题,学界尚未进行充分的研究。中非航天贸易作为高技术贸易长期被束之高阁,无论是非洲法学界,抑或空间法学界,均未对其予以足够的重视。发展中非航天贸易既是促进中国航天国际化、商业化的重要途径,也是中国与非洲实现航天领域共同发展、实现贸易转型升级的要义,并且与中国"一带一路"空间信息走廊建设共建共享实践相呼应,因此需要对之加以深入研究。本书分析了中非航天贸易现有法律机制,剖析了现有法律机制适用于中非航天贸易时存在的缺陷,在此基础上,结合中非航天贸易的发展特点,前瞻性地提出了完善与构建中非航天贸易法律机制的对策,为中非航天贸易的进一步发展创造了良好的法制环境,选题具有新颖性和前瞻性。

1.5.2 研究视角独特

中非航天贸易具有跨区域、跨理论边界性,很难从单一的视角对之加以详细的分析。本书综合运用非洲法、国际空间法以及贸易法等多学科知识,将贸易自由原则与国家干预理论、照顾发展中国家空间利益原则与航天商业化理论对比综合分析,在此基础上力求探寻中非航天发展的内在驱动力与现实合理性,奠定法律机制构建的法律基础和现实可行性。同时在中非航天贸易法律机制的构建环节,针对非洲内部一体化进程态势和国际航天贸易发展形势,从中非双边以及非洲次区域、一带一路沿线多边合作等多维视角,提出构建中非航天贸易国际协定法律机制和国际合作法律机制的具体措施,从背景分析、过程总结到结论产生全程都贯之以多维立体视角,以期为中非航天贸易构建较为全面的法律机制。

1.5.3 提出了新的观点

第一,从应对市场竞争以及促进航天共同发展的角度分析得出,中非航天贸易是中非双方促进航天国际化、参与全球航天治理的重要途径，即促进中非航天贸易深入发展，构建新型航天贸易法律机制，是中国与非洲国家扩大航天国际影响力、推动构建新型航天规则体系和公平合理空间秩序的重要举措。第二，现有国际贸易法和空间法无法为中非航天贸易提供法律保障，中非航天贸易是"南南合作"范畴内的高技术贸易行为，现有"南-北"二元对抗的国际技术转让法规和国际外空合作规定无法适用于中非航天贸易，中非航天贸易亦无法采用欧美对非航天贸易法律政策。第三，提出了构建中非航天贸易法律机制的途径，一是完善中非双边和多边条约规定，增加有关促进和监管航天贸易的规定，二是构建中非航天贸易国际合作法律保障机制，推动中非航天贸易纳入空间信息走廊建设和非盟多边合作机制，并通过风险防控和纠纷解决机制保障中非航天贸易顺利开展。

第 2 章　中非航天贸易及其发展

　　航天贸易的出现及其发展与航天科技密切相关①，在世界航天事业起步的初期，航天科技具有极强的军事敏感性，航天活动处于严格的保密状态，苏联发射第一颗卫星的时间、地点以及相关设施设备均未对外公布，因此，在早期的航天探索活动中并不存在商业化或市场化的因素。随着航天科技的发展与成熟，纯军事价值导向的航天活动向科学研究和民用领域延伸，为航天贸易的开展奠定了技术基础，创造了良好的外部环境。② 自二十世纪八十年代后期开始，航天贸易渐成趋势，目前全球航天贸易市场已达百亿级规模，贸易内容不断充实，贸易形式不断丰富。③ 航天科技及其贸易发展水平也已成为衡量一个国家科技、国防和综合国力的重要标志。④

---

　　① 尽管国内外学者尚未就外层空间的范围作明确的界定，但是国际社会普遍认为"应以人造地球卫星轨道离地面的最低高度（即离地面100公里左右）为界"，超出最低高度的宇宙为外层空间，因此，航天活动可界定为人类对外层空间的所有探索和利用活动。参见李浩培，王贵国. 中华法学大辞典·国际法学卷［M］. 北京：中国检察出版社，1996：562.

　　② 随着地缘政治格局的改变和政府航天投资的削减，各国政府更多地在航天活动中采取宏观调控的政策，鼓励工业界在航天活动中扮演更重要角色。参见〔法〕皮特斯（Walter A. R. Peeters）. 航天市场营销［M］. 邓宁丰，王克，史克录译. 北京：中国宇航出版社，2005：3.

　　③ 按照航天贸易的性质可将航天贸易细分为航天产品贸易、航天技术贸易和航天服务贸易。"航天科技集团国际商业发射之回眸与展望"［EB/OL］. 参见 http：// www. Spaceproducts. com. cn/n25/n146/n240/ n4779/index. html，2022 - 3 - 6 最后访问.

　　④ 蒋建华等. 中华人民共和国资料手册［M］. 北京：社会科学文献出版社，1999：755.

2.1　中非航天贸易的兴起缘由

中非航天贸易是随着非洲航天市场增长以及中非贸易结构转型升级而兴起的，非洲航天市场的增长为中国对非航天贸易提供了可贵的机遇。改变长期以来中非贸易集中于纺织品、日用品等劳动密集型产品的局面，增加中非贸易附加值，推动贸易向高端制造业领域发展是中非航天贸易兴起的内在动力。在外部环境和内在驱动的综合作用下，中非航天贸易得以兴起并不断发展。

2.1.1　非洲航天贸易市场增长

随着非洲经济条件的不断改善，庞大的人口总量和工业化进程为非洲航天产品及其应用服务需求增长奠定了基础，非洲区域成为世界航天市场增长最快的区域。

非洲卫星及服务市场的增长成为非洲航天市场的亮点，非洲卫星通信服务需求一直保持年均 7% 左右的高速增长。[①] 根据世界知名互联网统计机构 Internet world stats 网站发布的数据，自 2000 年以来非洲地区互联网用户增长速度呈井喷态势，2000 年非洲互联网用户总数约为 450 万，到 2017 年已达 3.8 亿之巨，增长了 85 倍之多，非洲互联网普及率已上升为 30.6%。[②] 虽然只有 29 个非洲国家能通过卫星接入国际互联网，也仅有尼日利亚、埃及、阿尔及利亚等少数国家发射有本国卫星[③]，但落后的通信基础设施并没有削减非洲接入世界互联网体系的迫切愿望。2016 年 6 月非洲大部分国家签署了国际电信联盟（ITU）发布的数字电视国际公约，承诺在数年内完成模拟电视广播信号向数字信号的转换。通过地面光纤传输电视信号的方式，不仅耗资巨大、耗时长久且不利于电视广播的普及，而选择通信卫星作为电视广播节目数字信号传输的

---

① 非洲卫星通信发展提速［EB/OL］. 参见 http：//nb. people. com. cn/GB/200889/15458511. html，2021 - 4 - 1 最后访问.

② Internet Users Statistics for Africa（Africa Internet Usage，2017 Population Stats and Facebook Subscribers）［EB/OL］. 参见互联网世界统计网站 http：//www. internetworldstats. com/stats1. htm，2021 - 3 - 9 最后访问.

③ 非洲卫星通信发展提速［EB/OL］. 参见 http：//nb. people. com. cn/GB/200889/15458511. html，2021 - 4 - 1 最后访问.

载体，不仅成本较低、信号的传输不受已有基础设施条件和接收人数的限制，而且信号覆盖面广，能处理所有格式信号。因此，通信卫星已成为非洲国家完成数字电视广播信号转换的最佳选择。随着电视广播企业不断上载众多卫星频道，通信卫星与航天市场之间的正相关性愈发增加，2017 年非洲卫星电视家庭数量突破 800 万户，而八年前这一数字仅为 450 户左右。为满足非洲蓬勃增长的卫星广播电视需求，非洲区域卫星通信组织购买了多颗通信卫星，为非洲国家之间建立直接的通信连接，向偏远地区提供卫星通信服务，同时为企业用户提供互联网宽带连接和增值服务。①

非洲航天贸易市场的快速增长不仅吸引了传统航天企业参与角逐，新兴互联网服务企业也对非洲市场产生了浓厚的兴趣。2015 年 Facebook 公司租用以色列空间通信公司卫星转发器，向非洲用户提供互联网宽带服务，以支持 Facebook 在非洲的信息数据传输和存储。② 互联网企业参与非洲航天市场，不仅意味着非洲航天市场良好的市场预期，同时也揭示了私营主体将在非洲航天贸易市场扮演越来越重要的角色。但是仅仅通过购买满足国内需求，不仅成本高昂，而且难以掌握核心技术和信息安全，因此，寻求技术转让、人才队伍建设、产业链培育成为非洲国家实现航天跨越式发展的重要途径。目前，欧美航天企业在非洲航天产品市场的竞争中占据着垄断地位，非洲国家航天能力建设需要打破这种由欧美企业单方垄断的局面，而更多地与新兴航天国家开展航天贸易与合作。③

2.1.2 中非贸易向高技术领域发展

中非航天贸易的兴起晚于欧美国家与非洲之间的航天贸易。中华人民共和

---

① 2007 年 12 月由欧洲航天局建造的阿丽亚娜 5 型火箭发射了非洲的第二颗通信卫星 "Rascom Star – QAF1"号，该卫星为非洲区域卫星通信组织（RASCOM）购买自欧洲著名航天企业泰雷兹阿莱尼亚公司，旨在为非洲大陆及周边岛屿提供电信、宽带、电视广播服务。卫星发射几天后，由于技术故障停止运行，但是此次失败并未打击非洲区域卫星通信组织通过航天贸易提高非洲大陆通信技术水平的决心。2008 年 9 月泰雷兹阿莱尼亚与非洲区域卫星通信组织重签 "Rascom Star – QAF1R"卫星合同，以代替失效的 "Rascom Star – QAF1"卫星。

② 参见中国航天科技集团网站 http：//www. spacechina. com/n25/n144/n208/n232/c1079125/content. html. 2021 – 3 – 29 最后访问.

③ 李东，何英. 2014 年商业通信卫星市场综述 [J]. 中国航天，2015（05）：33 –40.

国成立初期，中国与非洲国家在争取民族独立、发展国民经济等方面存在诸多的利益共同点，相互支持、相互帮助成为中非关系的鲜明特征①，中非经贸关系以中国对非援助为主要内容，中国通过各种途径（外交、军事）支持非洲国家的民族独立事业，并向非洲国家提供大量的经济技术援助。② 中华人民共和国早期的对非援助更多的是出于维护国家主权利益、扩大国际政治影响力的动因，对非援助成为新中国打开外交局面的支点。③ 中非友好关系成为发展中国家互相合作的典范，为中非经贸关系的快速发展奠定了坚实的基础。④

在国际援助中受援国往往为与援助国有着密切贸易关系的伙伴国家，也只有当受援国自身存在经济增长能力和内生经济部门时，援助与贸易之间才有可能存在互相促进的正相关关系。⑤ 随着中国改革开放不断推进，中国对非援助实现了从单纯政治导向向经贸导向的转变，贸易形式不断丰富，包括科技交流、经贸合作、工程建设等。⑥ 贸易内容扩展到高附加值的机电产品、技术产品等制成品。2000 年 10 月中非合作论坛首届部长级会议，通过了《北京宣言》和《中非经济和社会发展合作纲领》两个指导性文件，决定将中非关系升级为长期稳定、平等互利的新型伙伴关系，并建立中非合作论坛常态性对话机制。在论坛合作框架下，2000 年中非贸易额突破 100 亿美元，中非经贸关系进入稳步高速增长时期。⑦ 中非贸易结构得到了进一步的优化，高技术、高附加值的机电产品、电子技术产品、化工产品占已占中国对非贸易总额一半以上。⑧

自 2000 年开始，中非贸易额年均保持 20% 左右的增长速度。截至目前，中国已连续 12 年成为非洲第一大贸易伙伴⑨，贸易机制进一步优化，高技术

---

① 参见人民网 http：//politics. people. com. cn/n/2015/0115/c70731 – 26391678. html. 2022 – 3 – 14 最后访问。

② 李鹏涛. 20 世纪 80 年代以来英美学界的殖民时期非洲史研究述评 [J]. 世界历史，2015（05）：138 – 150.

③ 杨鸿玺，陈开明. 中国对外援助：成就、教训和良性发展 [J]. 国际展望，2010（1）：46 – 56.

④ 余伟斌，刘雯. 1955—1965 年中国对非洲贸易研究 [J]. 当代中国史研究，2017（2）：85 – 93.

⑤ 金莉. 中国对非援助的中非贸易效应分析 [D]. 大连：东北财经大学，2015.

⑥ 舒运国. 中国援非政策的理论基础及发展进程 [J]. 上海师范大学学报（哲学社会科学版），2013（02）：103 – 109.

⑦ 齐国强. 新时期中非经贸合作关系的发展 [J]. 国际经济合作，2003（12）：13 – 15.

⑧ 衣梦霏. 中国援非对中非贸易的影响 [D]. 大连：东北财经大学，2012.

⑨ 参见光明网 http：//politics. gmw. cn/2021 – 04/18. htm. 2022 – 3 – 14 最后访问。

合作、新兴产业开发成为中非经贸合作的新亮点①，高端机械、信息通信设备、电子电气设备、航空航天产品份额不断扩大。② 尽管在 2015 年受国际金融危机影响，中非航空航天产品、机车车辆产品出口均出现一定程度的下降③，但是 2017 年上半年以来，随着国际大宗商品价格回暖，非洲国家国际竞争力提高④，中非航空航天产品和设备进出口贸易增长率超过 250%。⑤ 中国与非洲国家之间的贸易关系存在较强的互补性，且秉持平等相待、互利互惠、共同发展的中非经贸合作新理念，中非贸易结构不断优化，高技术贸易占比显著提高，经贸合作朝着多元化方向发展，能力建设、技术转移正成为新的样态。⑥非洲自 2000 年以来年均经济增长保持在 6% 左右，而其中 2% 的增长量源于中国对非投资贸易和援助带来的经济效益，中国为非洲发展作出了贡献。⑦

随着中国"一带一路"倡议的推进实施，非洲作为"一带一路"倡议的历史延伸和现实支点，中非产业对接、产能合作成为新的贸易形式⑧，航空航天合作已经被明确纳入"中非十大合作计划"。航天科技属于高精尖技术，不仅能带动材料、机械、电子电气、自动控制、信息通信等相关领域的技术进

---

① 参见人民网 http：//world. people. com. cn/n1/2017/0301/c1002 – 29117164. html. 中国已经连续 8 年成为南非最大贸易伙伴、出口市场和进口来源地，南非则自 2010 年起连续 7 年成为中国在非洲最大贸易伙伴国。

② 刘爱兰，王智烜，黄梅波. 资源掠夺还是多因素驱动？——非正规经济视角下中国对非直接投资的动因研究 ［J］. 世界经济研究，2017（1）：70 – 84.

③ 参见人民网 http：//finance. people. com. cn/n1/2016/0113/c1004 – 28047641. html. 2022 – 3 – 19 最后访问。

④ AfDB/WEF/WDG. The Africa Competitiveness Report 2017：Addressing Africa's Demographic Dividend. WEF Publishing, Geneva. 参见 https：//www. weforum. org/reports/africa – competitiveness – report – 2017. 2022 – 3 – 12 最后访问。

⑤ 参见商务部网站 http：//www. mofcom. gov. cn/article/tongjiziliao/fuwzn/swfalv/201708/2017080 2620381. shtml. 2022 – 3 – 24 最后访问。

⑥ 金珍圣. 知识产权在中韩技术贸易中的影响 ［D］. 北京：中国社会科学院研究生院，2010. 航天技术贸易采用的方式主要有许可贸易、技术服务与咨询、特许专营、合作生产，以及含有知识产权和专有技术许可的设备买卖等。

⑦ Dijk M P V. China's Financial and Aid Flows into Africa and their Effects ［M］. Foreign Capital Flows and Economic Development in Africa. Palgrave Macmillan US, 2017. 51 – 67.

⑧ 东非成为非洲大陆经济增长最快的区域，其中尤以埃塞俄比亚经济增速最快，这与中国"一带一路"倡议提出的互联互通、贸易投资便利化在非洲的推进落实不无关系，预计非洲地区 2017 年国内生产总值增长率将从 2016 年的 1.3% 上升到 2.4%。参见 World Bank. Africa Pulse 2017. World Bank Group Publishing, Washington, D. C. http：//documents. worldbank. org/curated/en/5729415076366665377/Africas – Pulse. 2021 – 10 – 12 最后访问。

步，航天科技及其产品应用于交通物流、自然资源管理、农业监测、灾害预警、安全保卫、电子政务等行业①，还能提高国家的科学决策水平和社会管理能力。正是意识到航天科技的重大社会经济价值，非洲各国与中国开展航天贸易合作的意愿日渐高涨。

2.1.3　商业航天成为航天发展的新趋势

随着航天技术进一步成熟，航天科技向非政府实体转移的势头愈发明显，越来越多的非政府实体以各种方式参与到航天活动中来，打破了航天活动由政府垄断的单一局面，单纯的政府"包办"式的航天发展模式无法适应航天科技及其应用的进一步发展，商业资本和力量对于航天可持续发展的重要性日益凸显，商业航天成为世界航天发展的未来趋势。商业航天是指"按照市场化的模式来组建新的航天企业，按照市场化规律来从事投融资、合并、分立、招投标、议价、赔偿、研发、协作、制造、运营等活动，投资者和企业可以自由进入和退出"②，需要指出的是，商业航天与航天商业化是不同的概念，后者仅指航天设施和航天企业向政府、军方等国家部门以外的商业实体开放，由国家掌握的航天研发、制造、运营单位参与商业市场竞争。因此，从概念界定来看，相比航天商业化而言，商业航天内涵更广泛，意味着航天产业的供给侧与需求侧的市场化和自由化，尽管政府往往会加以宏观管控，但是商业航天是航天探索与应用保持可持续发展的现实需求。2000 年原本由成员国政府出资维持运营的国际通信卫星组织寻求私有化改造，各成员国通过决议批准了该组织的公司化改造，二十世纪九十年代中期，原本由政府出资建立的世界海事卫星组织也完成了公司化改造，两家公司均已成为上市企业，从而拉开了卫星服务提供商商业化改造的序幕，越来越多的政府间航天服务组织实现了商业化转变。就行业发展而言，卫星通信广播和遥感领域是目前商业航天发展最为成熟的领域，大量的商业组织进入上述两大领域。

---

①　当前航天服务贸易主要集中于商业发射、商业搭载、通信、广播电视、自然资源研究、水文气象服务、航天数据和资产使用、重大的自然灾害和技术事故的预警和救援、陆地和海上人员的救援、导航定位等领域。参见 Б. Е. 切尔托克. 21 世纪航天：2101 年前的发展预测［M］. 北京：国防工业出版社，2014：182.

②　刘雨菲. 航天商业化与商业航天的概念［J］. 卫星与网络，2015（8）：22 - 24.

西方航天强国在商业航天领域处于领跑地位，1986 年以来，法国陆续发射了多颗 SPOT 地球观测卫星，但是法国并没有按照传统的政府所有、政府运营、公益服务的运作模式，而是按照现代公司制度成立了 SPOT 卫星公司，向各类用户提供有偿卫星遥感服务，参与航天市场竞争。美国则依靠其强大的航天科技实力，将原本政府掌握的航天技术向民营航天工业界转移，推动航天产业快速进入商业航天阶段，二十世纪九十年代美国多家卫星遥感企业合并成立了数字地球公司，掀起了商业航天的大潮。尽管美国政府在航天贸易管控上采取了较为严格的措施，但是美国的《商业航天发射法》《商业遥感政策》《私营空间陆地遥感系统授权许可的最终规定》等一系列法规，成为推动其商业航天战略的重要法制保障。如《商业航天发射法》规定，"对于取得空间发射许可且可满足国家发射需求的本国私营企业（如太空探索技术公司 SPACE - X），美国会给予其政府发射补贴"[1]，以扶持本国商业航天企业发展。商业航天已经成为世界航天经济的主要产出部分，并继续呈现快速发展势头，2015 年，商业航天市场收入已逾 2000 亿美元，占航天经济总值的比重超过 70%。[2] 中国作为世界航天舞台的重要参与者，推动商业航天发展也已经明确纳入建设"航天强国"战略的范畴，军民融合战略在航天领域的贯彻实施即是推动商业航天快速发展。非洲国家也在推动实现国家经济增长的多元化，非洲航天市场亦是一个高度商业化的场域。中非航天贸易既是中国实现商业航天战略的重要举措，也有利于推动中非贸易实现可持续发展。中非航天贸易已经从单纯的政府间航天贸易向商业航天贸易发展，越来越多的中国民营航天企业从事中非航天贸易活动，如中国信威集团、四达集团等均在非洲航天市场占有一定份额，在中国发射"尼星 1 号"后，尼日利亚成立了多方融资组成的"尼星 1 号"卫星公司，向政府和其他各类用户提供商业卫星通信服务。

欧美等国商业航天发展经验表明，法律政策的推动与市场需求牵引在商业航天发展中起到了至关重要的作用，配套法律政策的扶持和保障作用能进一步释放商业航天发展潜力。[3] 但是当前国际航天立法无法满足商业航天以及中非

① 李成方，孙芳琦. 美国商业航天准入管理制度分析 [J]. 中国航天，2017 (1)：48-51.
② 于淼，戴阳利，张召才. 国外商业航天发展模式研究 [J]. 卫星应用，2017 (1)：23-31.
③ 于淼，戴阳利，张召才. 国外商业航天发展模式研究 [J]. 卫星应用，2017 (1)：23-31.

航天贸易的需求。就国际法层面而言，传统航天立法主要内容在于规制各国的空间探索和利用活动，保障空间探索活动有序进行，维护空间交通安全，促进空间资源的合理分配，无论是在航天主体方面，还是在航天权利义务分配方面，均未能将非政府实体纳入其中，国家依然为国际航天法上的唯一权利义务主体，虽然修改国际空间立法的呼声不时出现，但是商业航天法治尚未引起国际社会的足够重视。有关航天贸易的国际立法则呈现两种极端，一种是在基础性的技术贸易立法中，将航天技术、服务贸易与普通贸易混为一谈，无法满足航天贸易的发展要求，另一种是国际多边出口控制机制排斥发展中国家，对非成员国实施歧视政策，破坏了商业航天赖以发展的基础——自由贸易。国际法层面缺乏有关商业航天的配套立法，无法为中非航天贸易提供完整的法律保障。

2.2　中非航天贸易的演进

至 2016 年中非贸易额已经超过两千亿美元①，逐步形成多层次、宽领域、全覆盖的贸易格局。航天技术及其应用产品在生物农业资源探测、环境监测、气象预报、导航定位、国防安全等方面能够发挥巨大作用，与欧美国家相比，中国航天产品及服务不仅具有较大的性价比优势，而且注重技术转移和人才培养，并在支付方式方面更为灵活。中国的航天产品、技术和服务适应了非洲国家航天市场的需求，航天贸易正成为中非贸易新的增长点。中非航天贸易的演进是随着中非经贸合作不断深化而发展的，虽然中非航天贸易起步较晚，但是近年来发展迅速，从时间的纵向角度可将中非航天贸易的演进分为单向型航天贸易阶段和共建共享型航天贸易阶段。

2.2.1　单向型航天贸易阶段（1995—2012 年）

中非航天贸易可以追溯至二十世纪九十年代后半期，至 2012 年中非航天

---

① 中国成为非洲第一大贸易伙伴并不使人感到吃惊，这背后的原因有中国作为世界最大贸易国的地位，有中国廉价的制造业与非洲丰富的资源产品形成的互补特点，还有中非之间贸易历史的源远流长。参见江诗伦. 中非贸易合作发展的历史进程与前景展望 [J]. 对外经贸实务，2012（10）：9－13.

贸易以中国向非洲国家出口航天产品、转让航天技术为主要形式，非洲国家并未深度参与航天贸易项目的实施，双方之间为一种单向型的贸易关系。

（1）尼星1号揭开中非航天贸易的序幕

在航天贸易领域，非洲国家并不一味追求技术的先进性，而更愿意选择技术成熟度高、性价比高的航天贸易产品。中国对非航天贸易不附带任何政治条件适应了非洲国家的实际需求，因此中国成为非洲国家航天贸易与合作的理想对象。[①] 自1995年始，中非双方开始注重深化在卫星、通信等高科技领域的合作，1999年中国与南非正式签署科技合作协定，空间技术成为中南双方科技合作的重要内容，并建立了科技合作联委会，以负责推进各项合作项目。[②]

自二十世纪末开始，非洲成为中国卫星出口的主要地区。[③] 2004年中国长城工业集团公司与尼日利亚宇航局签订了关于"尼日利亚通信卫星1号"（简称"尼星1号"）的合同，由中国航天科技集团为尼日利亚宇航局设计、制造、发射一颗通信卫星，中方还提供卫星操作支持服务，培训尼方的技术人员，并转让相应的卫星研发设计与测控技术。[④] "尼星1号"为撒哈拉以南非洲国家出资建造运营的第一颗通信卫星，该项目可为尼日利亚提供数万个工作岗位，每年为尼日利亚宽带用户节约近亿美元费用，相比欧美国家较为昂贵的通信服务，该项目为非洲通信和电视广播用户节省数亿美元费用，通过该卫星项目的波段出租业务，尼日利亚可掌握卫星运营的实践经验，同时获得数千万美元的收入。"尼星1号"的顺利实施标志着尼日利亚发展航天经济、建立航天产业迈出了关键性的一步，带动非洲通信、电信、卫星应用产业的进步和发展。这不仅是中国进入国际商业卫星市场的开端，也是中国首次向非洲国家提供卫星研发、制造、发射、在轨交付、技术支持等一整套卫星服务的卫星合

---

① 程群，付重阳. 中国与发展中国家的太空外交刍议 [J]. 国际关系研究，2013（03）：72 - 84.

② Liu Hongwu, Yang Jiemian. Fifty Years of Sino - African Cooperation: Background, Progress and Significance [M]. Yunnan University Press, 2009: 212.

③ 参见中国航天科技集团公司网站 http://www.spacechina.com/n25./n144/n206/n216/c115 2390/content.html. 2021 - 3 - 10 最后访问.

④ 根据合同规定，从卫星制造到发射入轨全程采用中国技术方案和标准，中方向尼方提供全部地面测控设施设备，并由中方负责建造位于尼日利亚首都阿布贾和中国新疆喀什的地面测控站。

同，开启了中非航天贸易的大门，"开创了星箭以及地面测控一揽子出口的崭新格局"①，在中非航天贸易历史上具有历史性意义。

2008 年 11 月"尼星 1 号"由于电能耗尽，被宣布在轨失效，但长城工业集团与尼日利亚通信卫星公司在 2009 年继续签订合同，在不增加尼日利亚通信卫星公司额外成本的前提下，由中国航天科技集团设计、制造、发射、在轨交付"尼日利亚通信卫星 1R 号"卫星，以代替之前失效的"尼星 1 号"。"尼星 1 号"的失效并未阻碍中国与尼日利亚航天贸易的发展。2014 年李克强总理访问尼日利亚期间，双方积极探讨了商业卫星再次合作的事宜。中尼航天贸易还扩展到了航天服务贸易领域，尼日利亚自然资源丰富，中方地球遥感科技先进，双方在卫星遥感领域具有较强的互补性。2004 年 10 月中国地质大学与尼日利亚航天局签订协议，由中方向尼方提供卫星遥感资料分析服务。本阶段是中非航天贸易的初期阶段，主要以中国向非洲国家单向提供航天产品和服务为主，非洲国家并未能参与到贸易项目的实施中来。

（2）卫星应用服务贸易扩展中非航天贸易内容

非洲各国经济发展情况和科技水平差异大，各国对于航天技术和产品的需求也不一样，因此，中非航天贸易的内容也多种多样，从卫星出口扩展到了卫星数据贸易、卫星应用等领域。2007 年中国与南非签订协议，由中国资源卫星应用中心在南非建立 CBERS - 02B 卫星数据接收站，并进行卫星数据的处理、存储和分发，以应用于包括南非在内的非洲国家的国土资源调查和管理、农业监测、灾害预警、生物多样性保护等众多领域。这是中国国产遥感卫星地面系统和卫星遥感数据首次进入非洲市场。此后中国、巴西、南非就 CBERS 系列遥感卫星南非建站和数据贸易签订了多项协议，成功实现了 CBERS 系列卫星遥感数据在非洲的分发应用。② 中国、巴西、南非三方在航天领域的合作不仅深化了中非航天贸易的内容和形式，创新了卫星数据服务于非洲国家经济建设和社会发展的途径，中巴地球资源卫星项目及其在南非的数据应用，还被

---

① 宗河. 首次整星出口水平全面提升 尼日利亚通信卫星 -1 上天并定点 [J]. 国际太空，2007 (07)：1 - 6.

② 参见中国资源卫星应用中心网站 http://www.cresda.com/CN/gjhz/jwsjld/4606.shtml. 2021 - 3 - 10 最后访问.

国际社会誉为"南南合作的典范"，项目的顺利推进是中国、巴西、南非三国落实国际空间法确立的"探索和利用外层空间，包括月球和其他天体，应为所有国家谋福利，并应特别考虑到发展中国家的需求和利益"原则的具体体现，促进了航天技术及其应用向发展中国家最为集中的非洲大陆转移。

（3）南非和尼日利亚成为中非航天贸易主要对象

就二十世纪九十年代至二十一世纪初中非航天贸易而言，中国与非洲国家间为单纯的供给者与需求者关系。在这一阶段中，南非和尼日利亚成为重要的贸易伙伴国家。南非于二十世纪八十年代初期，在英美等西方国家的帮助下，不仅制定了成套的航天计划，运载火箭和卫星总装测试中心，发射场以及发射测控中心也相继建成。二十世纪九十年代，南非种族隔离制度招致国际制裁，国内黑人解放运动爆发①，一系列航天计划被迫取消或停摆。尽管南非早期的航天活动充满了浓厚的政治、军事对抗色彩②，但是南非因此得以建立航天工业基础，并具备了一定的航天能力。③

1994 年后南非成功实现了向民主政体转型，国内经济也进入恢复期④，为南非重新启动航天开发计划创造了前提条件，1999 年南非研制成功一颗近地轨道卫星，该星不仅是南非研制的首颗卫星，也是非洲国家研制的首颗卫星。为扩大自身在世界航天舞台的影响力，南非成功举办了第 62 届国际宇航大会，并作为非洲国家航天科学的代表性力量呼吁国际社会积极开展对非航天合作。同期，尼日利亚作为非洲第一大产油国，借助国际油价和大宗商品价格上涨的"东风"，实现了经济社会的快速发展，为开展航天活动提供了经济基础。尼日利亚出台了国家航天政策，将发展航天产业作为实现经济转型的重要支撑，

---

① 国际社会对南非的制裁效果是多方面的，南非的外汇收入急剧减少，贸易逆差近 60 亿美元，1983 年至 1990 年，南非的国内生产总值频繁出现负增长，南非的能源产品难以满足国内需求，为此南非每年多花费五六十亿美元高价进口。南非的经济衰退还表现在，外国投资外流、物价上涨、失业率上升，制造业严重受挫。

② 沐涛. 南非对外关系研究 [M]. 上海：华东师范大学出版社，2003：74 – 76.

③ Jo – Ansie van Wyk. South Africa's Space Policy And Interests: A New Dawn or A Black Hole [J]. Strategic Review for Southern Africa; 2009（11），Vol. 31 Issue 2：50.

④ 1994 年南非按照 1993 年临时宪法的规定，举行了首次不分种族的大选，非国大以压倒性优势赢得大选，南非终结了 342 年的白人统治和种族隔离制度，一个种族平等、民主自由的新南非就此诞生。南非的民主转型开启了南非社会经济发展的新时代。

并通过卫星数据库建立地理信息系统以满足本地区庞大的卫星服务需求。①
1999 年尼日利亚成立了国家航天局，两年后颁布了卫星发展计划，以具体实
施国家航天政策所确定的发展目标，"尼星 1 号"合同即是在尼日利亚大力发
展航天科技、建设非洲航天大国的背景下而成功实施的。南非、尼日利亚两国
因为良好的工业基础、较高的经济发展水平以及政府部门的大力推动从而在中
非航天贸易中占据了首发位置，不仅对于其他非洲国家发展与中国的航天贸易
关系发挥着示范性作用，而且对于中国航天推进国际化战略实施、实现跨越式
发展具有重要意义。

2.2.2　共建共享型航天贸易阶段（2013 年至今）

2013 年中国提出了"一带一路"倡议，该倡议旨在促进中国与亚洲、非
洲、欧洲的互联互通，共同打造开放包容、合作共赢、普惠发展的区域经济发
展新模式，促进各国经济实现协调、均衡、可持续发展。② 2015 年 3 月中国国
家发展改革委、外交部、商务部联合发布《推动共建丝绸之路经济带和 21 世
纪海上丝绸之路的愿景与行动》，正式将非洲纳入"一带一路"倡议实施范围
中③，中非航天贸易进入共建共享阶段。

（1）共建共享成为中非航天贸易新理念

"一带一路"倡议为中非产业对接、产能合作、贸易发展提供了难得的契
机。④ "一带一路"倡议覆盖地理区域广，沿途各国经济建设、资源开发等领
域缺乏充分的信息资源支撑，航天科技及其产品能够广泛应用于区域安全管
控、自然灾害防治、交通管理、农业监测、资源勘探等诸多领域，并为沿途国
家和地区的互联互通提供卫星应用服务和天基信息保障。尽管部分非洲国家通
过欧美卫星运营商购买通信、宽带、遥感数据服务，但是由于缺乏统一规划与

---

① 宗河. 首次整星出口水平全面提升 尼日利亚通信卫星 -1 上天并定点 [J]. 国际太空, 2007
(07)：1 -6.

② 陈耀. "一带一路"战略的核心内涵与推进思路 [EB/OL]. 参见 http: //theory. people.
com. cn/n/2015/0128/c83853 -26465206. html. 2022 -2 -1 最后访问.

③ 王南. 非洲：一带一路不可或缺的参与者 [J]. 亚太安全与海洋研究, 2015 (03)：97 -109.

④ 刘贵金. 理性认识对中非关系的若干质疑 [J]. 西亚非洲, 2015 (01)：4 -20.

协调，或者由于卫星带宽窄、卫星频段低而不能满足需求，不仅造成非洲国家航天重复建设、资金浪费，也无法满足"一带一路"建设人员流通、贸易投资、资源开发、灾害管理的巨量信息流需求。① 2014 年由学者、企业、政府机构组成的中国卫星全球服务联盟提出了"天基丝路"的构想。② 非洲国家在交通基础设施建设、矿产油气资源勘探开发方面对于地理信息数据的获取和处理有着较大的需求。同时，天地一体的卫星服务支持，也有利于非洲各国有效地打击恐怖主义、极端势力、毒品犯罪。在共同需求的主导下，"天基丝路"将推动非洲各国深化与中国在航天贸易、空间技术应用领域的国际合作。在"一带一路"倡议推动下，"天基丝路"沿线非洲国家将会有机会以共建共研、应用示范等方式与中国开展航天贸易与合作。③ 如果说"天基丝路"构想是航天产业界对接"一带一路"的蓝图，那么"空间信息走廊"建设则是政府层面具体政策引导。④ 因此，无论"天基丝路"构想或是"空间信息走廊"建设都将促使中非航天贸易在新时代更大发展背景下获得机遇。⑤

空间信息走廊建设不仅为"一带一路"沿途国家和地区的互联互通提供天基信息保障和卫星应用服务，也将极大地带动中非航天经贸合作，尤其是移动卫星通信系统、数据采集系统的投资与贸易将会迎来大的增长，同时更多的非洲国家将会有机会以共建共研、应用示范等方式与中国开展航天贸易合作，

---

① 吴晨璇. 空间领域互联互通和天基丝路的实现途径——以亚太空间合作组织为例 [D]. 北京：外交学院，2016.

② "天基丝路"构想提出，通过共建、共享、共用的开放合作机制，利用"一带一路"沿线国家现有和规划中的空间和地面设施，构建包括卫星导航、卫星通信、卫星遥感为主体的民用空间基础设施，以策应"一带一路"项目的科学决策和管理。

③ 杨海霞，姚莉. 把握时代机遇，共建"天基丝路"——专访中国航天工业科学技术咨询有限公司总经理王莉 [J]. 中国投资，2014（12）：33.

④ 2016 年国防科工局、国家发改委发布的《关于加快推进"一带一路"空间信息走廊建设与应用的指导意见》总体目标中指出：经过 10 年左右的努力，基本建成以东南亚、南亚、西亚、中亚、北非为重点，辐射大洋洲、中东欧、非洲等区域，设施齐全、服务高效的"一带一路"空间信息走廊，成为我国与沿线国家共建"一带一路"的崭新亮点，使我国空间信息产业在走廊区域的市场化、国际化达到世界先进水平，为走向世界奠定坚实基础、惠及"一带一路"沿线国家经济社会发展。

⑤ 2015 年 4 月中国航天科技集团公司中国空间技术研究院，发布了"一带一路"空间信息走廊建设和应用工程初步总体方案，方案指出要在"一带一路"沿线国家开展通信卫星商业运营以及卫星数据搜集系统、低轨移动通信系统、遥感技术应用示范建设，满足"一带一路"沿线国家市场需求。

有利于其培养航天技术人才、提高航天科技水平，建立本国的航天工业。[①]"一带一路"倡议和空间信息走廊建设将为中非航天贸易提供重大发展契机。[②]

（2）联合研制与项目共建成为共建共享理念的具体实践

在"一带一路"倡议推动下，越来越多的非洲国家表达出了与中国开展航天贸易的意愿，目前已有包括赞比亚在内的 30 多个国家和地区与中国签署了航天合作的意向。[③]2013 年 12 月长城工业集团公司与阿尔及利亚航天局签订合同，由中国空间技术研究院为阿尔及利亚研制该国历史上首颗通信卫星"阿尔及利亚 1 号"（简称"阿星 1 号"），"阿星 1 号"合同规定由中国承担卫星研制、发射，并吸收阿尔及利亚技术人员参与地面测控系统和地面应用系统的设计建造。该合同超越"尼星 1 号"合同成为中国对外航天贸易合同金额最大的天地一体化项目，为中国与阿尔及利亚后续的航天贸易合作打下了坚实的基础。[④]2014 年中国长城工业集团与刚果（金）国家卫星通信公司签订了"刚果（金）通信卫星 1 号"在轨交付及技术服务合同，中国将提供设计制造、发射服务、在轨交付、地面测控及配套网络建设、人员培训等一整套解决方案。[⑤]随着非洲国家航天能力建设的不断推进，中国通过流程参与、共同研制的方式吸收非洲国家参与航天贸易项目的实施，中非航天贸易从最初的单向型向共建共享型发展。

2016 年 1 月 22 日中国与埃及签署了《关于埃及 2 号遥感卫星及后续卫星合作的谅解备忘录》，目前埃及 2 号遥感卫星已经获中国商务部正式立项，根据协议规定中国将为埃及在轨交付遥感卫星，并且中国航天科技集团公司将向

---

① 杨海霞，姚莉. 把握时代机遇，共建"天基丝路"——专访中国航天工业科学技术咨询有限公司总经理王莉［J］. 中国投资，2014（12）：31 – 33.

② 杨海霞，姚莉. 把握时代机遇，共建"天基丝路"——专访中国航天工业科学技术咨询有限公司总经理王莉［J］. 中国投资，2014（12）：31 – 33.

③ 新华网 http：//news. xinhuanet. com/politics/2007 – 05/14/content_ 6097512. htm. 2021 – 12 – 23 最后访问.

④ "阿尔及利亚一号"卫星 2017 年 12 月 11 日从西昌卫星发射中心发射升空，数天后成功定点地球静止轨道。参见新华网 http：//www. xinhuanet. com/tech/2017 – 12/20/c_ 1122137305. htm. 2021 – 10 – 8 最后访问.

⑤ "刚果（金）通信卫星一号"合同是继尼日利亚之后中国与非洲国家又一次以整星出口、在轨交付、技术支持的方式开展航天贸易。

其出口航天地面设施，为埃及设计建造卫星总装集成测试中心。[①] 中方出口埃及的"埃及遥感卫星 2 号"将在该中心由中埃双方科技人员联合总装、集成与测试，这将极大地提高埃及自主研制卫星的能力。中埃之间的航天贸易向联合研制、本国总装测试、项目共建的纵深方向发展。在中国与南非的航天贸易中，卫星地面设施与卫星数据的接收、存储、分发成为中南双方航天贸易的主要内容，双方成功实现了 CBERS 系列遥感卫星数据向其他非洲国家分发应用。除国有大型航天企业外，中国民营企业也参与非洲航天服务贸易市场，Star Times 公司近年来致力于开拓非洲卫星数字电视广播市场，与三十余个非洲国家合作共建非洲卫星数字电视广播网络，已经成为非洲最大的卫星数字电视运营商之一。[②]

"一带一路"倡议给中非航天贸易的发展带来了新的契机，中非航天贸易的形式越来越多样化，中非航天贸易的内容拓展到包括卫星出口、技术转让、商业发射、卫星测控、数据分发等在内的多项服务，从早期的单向贸易发展到联合研发、共建共享阶段，从而对规制中非航天贸易的国际国内法律规范提出了新的要求。

---

① 埃及卫星总装集成测试中心项目已经正式启动，完工后交付埃及运营，用于"埃及 2 号"遥感卫星的总装测试工作。

② 四达时代集团成立于二十世纪八十年代，总部位于北京，目前已经在卢旺达、乌干达、肯尼亚、坦桑尼亚、南非、几内亚等 30 多个非洲国家开展了数字电视服务，市场占有率高达 30% 以上，成为非洲大陆业务增长最快、综合影响力最大的数字电视运营商之一。参见四达时代网站 http：//www. startimes. com. cn/outseaxmjj/ index. htm. 2021 - 12 - 1 最后访问.

第3章　中非航天贸易现有法律机制及其缺陷

当前国际法层面缺乏有关航天贸易的直接规定，国际法有关国际技术转让、市场准入、外空合作以及知识产权保护的规定与中非航天贸易最为相关，与中非双边经贸协定以及中非各自国内航天立法共同构成了中非航天贸易的现有法律机制。

3.1　中非航天贸易现有法律机制

航天贸易涉及贸易自由与贸易公平、国际空间合作以及知识产权保护等诸多国际法理论，现有国际法有关航天技术转让、航天服务贸易市场准入和促进航天国际合作的规定构成了中非航天贸易主要的法律机制。

3.1.1　有关航天贸易国际多边条约机制

当前，国际法并未就航天贸易出台直接的法律规范，中非航天贸易的国际法依据散见于国际技术转让、服务贸易市场准入、航天合作以及空间知识产权保护等法律规定中，对于中非航天贸易的发展具有一定的保障作用。

（1）航天技术转让国际法律机制

中非航天贸易是呈渐进式的发展势态，起始阶段的航天贸易主要以产品贸易和服务贸易为主。随着非洲国家发展自主空间能力意识不断提高，南非、尼日利亚、埃及等航天先行国家颁布了国家空间发展政策或计划，提出通过技术交流与转让获得进入空间的能力。欧美国家昂贵的航天产品价格和航天技术转让的诸多限制，促使非洲国家选择与中国开展航天技术贸易。中非航天贸易中以"在轨交钥匙"等形式开展的贸易合同，既包括产品的交付也包括技术转让、人员培训等内容，是产品贸易、服务贸易和技术贸易互相融合的综合性航天解决方案。

中非航天技术贸易在法律适用上受国际技术贸易法律体系的规制，《联合国国际技术转让行动守则（草案）》（以下简称《守则》）是规制国际技术转让行为的专门性规定，虽然该《守则》至今仍停留在草案阶段，但是不可否认的是，《守则》是国际社会就国际技术贸易制定普遍适用的法律规范的一次意义重大的讨论，虽然分歧众多，但是《守则》中的诸多原则和规定对于中非航天贸易具有指导意义。

《守则》序言指出"认识到科学技术对一切国家的社会经济发展，尤其对发展中国家的加快发展所起的根本作用"，在其总共 10 条序言阐释中，"发展中国家"字样出现了 6 次，充分说明了《守则》对于促进技术向发展中国家转移，加强国际技术交流与合作的重视，序言第 7 条则进一步指出"承认发达国家在技术转让领域中具有对发展中国家给予特别待遇的需要"。《守则》的上述规定是发展中国家追求构建公平、具有约束力的国际技术贸易新秩序的缩影，但是由于发达国家与发展中国家利益难以调和，造成《守则》自 1985 年发布以来，延宕至今尚未生效。根据《守则》规定，任何自然人和法人都是国际技术贸易的当事人，无论其是由国家、法人或者个人建立、所有或控制，任何组织或者机构，只要从事视为商业行为的技术转让活动都被纳入《守则》所规定的"当事人"范畴。中非航天贸易近年来不断发展，贸易主体从国有大型航天企业向各类私营主体扩展，《守则》有关"当事人"的规定，适应了中非航天技术贸易主体增多的趋势，中非私营主体间航天贸易也被纳入《守则》规制范围，私营主体在推动向发展中国家航天技术转让中将发挥重要作用。

《守则》明确定义了"技术转让"的内涵，是指"制造某件产品、应用某种制作方法或提供某项服务的系统知识的转让，仅涉及货物销售或租赁的交易不在此列"。[①] 技术转让（即技术贸易）是一种系统知识的转让，不仅包括理

---

① 芮沐. 国际经济条约公约集成［M］. 北京：人民法院出版社，1994：634.

论知识的转让，也包括实践经验和制造、操作技能的转让，而且这种知识应该能够应用于产品制造、工艺应用或某种服务①，就航天技术贸易而言，其本身就不同于航天产品贸易，而且航天技术作为高新技术其复杂程度远胜一般技术，某一技术主题往往包含了材料、电子电气、机械、信息等多项旁类技术的集成，因此，航天技术的转让往往是从研发理论到制造、操作乃至工程管理的全套技术的转让。纵观中国与非洲国家签订的航天贸易合同，不仅涉及具体产品的设计制造，而且技术转让、技能培训等内容日益增多，尤其是卫星出口合同中"在轨交钥匙"工程涉及系统知识的转让。因此，中非航天贸易是国际技术转让法律机制最具实践意义的适用领域。

《守则》确定了国际技术贸易应该遵循适当措施、国家主权独立、技术转让国际合作、责任区分、实质帮助等一系列原则，努力实现着其促进公平贸易的宗旨。《守则》不仅从宏观目标、原则等方面规范着国际技术贸易，还具体规定各国技术转让国内立法的具体内容、应该避免的商业限制性措施、当事人的权利和义务、发展中国家的特殊待遇等问题。② 如其明确规定："不公平地强迫技术接受方在技术转让所及的相应市场内就使用技术提供方技术制造的产品或提供的服务遵守价格规则"，以及"非为保证合法利益的获得，特别是非为保证转让技术的保密性或者保证全力帮助或促进的义务所必需，而限制受让方就有关相似或竞争性技术或产品签订销售、代理或制造协议或者取得竞争技术的自由"，都属于应该避免的"商业限制性措施"。在航天技术贸易领域此两种应该避免的商业限制行为有利于防止一方（主要是航天技术提供方）利用其在航天技术上的领先地位和市场上的垄断地位妨害另一方自由贸易的权利。中非航天贸易中中国与非方开展的合作共研项目、人才培养项目以及设施设备的援建项目，应以非方需求为导向，避免附加不合理的限制条款。

（2）航天服务贸易国际市场准入法律机制

随着航天技术的发展，非洲航天市场需求不断多元化，中非航天贸易从产

---

① 徐波. 国际技术贸易之法律概念解析［J］. 西南石油大学学报（社会科学版），2001（4）：22 – 26.

② 《国际技术转让行动守则（草案）》在第五章"当事人责任和义务"中关于商业谈判规则明确规定："要价或报酬应当公平合理，并且在实际可行的范围内应当规定此种程序，即受方能够将其与可能了解到的在相似条件下转让其他类似技术的价格或报酬加以比较，从而鉴定其是否公平合理"。

品贸易扩展到服务贸易，中非航天服务贸易属于 WTO 框架下广义的服务贸易，WTO《服务贸易总协定》及其电信服务附件成为中非航天贸易的重要国际法渊源。① 无论从体系结构来看还是从具体内容来看，《服务贸易总协定》有关贸易透明度、贸易限制措施的规定都体现着世界贸易组织所倡导的开放市场准入、消除贸易壁垒的国际贸易原则。《服务贸易总协定》第 5 条明确规定 "本协定不得阻止任何成员参加或达成在参加方之间实现服务贸易自由化的协定"②，只要这些协议覆盖了众多的服务部门而不是少数部门，并且协议目的旨在削减现有歧视性措施或者禁止各方制定新的贸易歧视政策。此条为中非航天贸易双边与多边法律机制的构建提供了法律上的 "开口"，中国与非洲大多数国家均为《服务贸易总协定》成员国，但中非依然能就航天贸易制定双边或多边贸易协定，以促进贸易的便利化。

发达国家希望打破国际服务贸易领域的壁垒和隔绝，推动服务贸易进一步发展，从而在新型贸易的规则制定中掌握话语权。③ 发达国家要求提高各国贸易政策信息的透明度，以便其他成员能够及时地查询贸易措施并采取相应的对策，如若成员新增或修改的本国贸易措施涉及其在《服务贸易总协定》中所作出的承诺，则该项贸易政策或措施须通知服务贸易理事会，理事会则会评估成员所采取的贸易政策或措施对于成员间自由贸易的影响，并采取相应的措施。④

《服务贸易总协定》第 3 条所确定的透明度对于各成员的贸易政策制定提出了更高的要求。大部分非洲国家在世界贸易组织成立当年就已成为其成员，但是在贸易政策决策水平和透明度方面却与《服务贸易总协定》所确立的要求相去甚远。国际知名非政府咨询组织 "透明国际" 2017 年发布的《清廉指

---

① 李杜. 论 "一带一路" 国际航天合作法律问题 [J]. 北京理工大学学报（社会科学版），2018（01）：118 – 127.

② General Agreement on Trade In Services. Article V Economic Integration 1. （i）elimination of existing discriminatory measures, and/or（ii）prohibition of new or more discriminatory measures, either at the entry into force of that agreement or on the basis of a reasonable time – frame, except for measures permitted under Articles XI, XII, XIV and XIV bis.

③ 刘志云. 论全球化时代国际经济法的公平价值取向——兼论发展中国家及我国的角色定位与战略选择 [J]. 法律科学（西北政法学院学报），2007（05）：86 – 98.

④ General Agreement on Trade In Services. Article III Transparency 1.

数 2016》，对全球 178 个国家的政府清廉和透明度进行排名，非洲仅有博茨瓦纳、卢旺达、纳米比亚、南非、赞比亚、加纳、塞内加尔、突尼斯等少数国家进入世界前 100 名。① 《服务贸易总协定》所确立的贸易透明度原则直接导致航天贸易与政治附加条件互相绑定，不仅阻碍了非洲国家与其他国家航天服务贸易的自由化，而且成为非洲各国发展服务贸易的不合理附加条款。中国和非洲大多数国家同为世界贸易组织成员，但是中非航天贸易以平等互利、合作共赢、共同发展为宗旨，并不以非洲国家的贸易透明度和市场开放程度为贸易前提，航天服务贸易的开展以非洲国家的需求为导向而非中国单方面的贸易输出，这就决定了构建于西方发达国家，解决发达国家贸易输出问题的 WTO 服务贸易法律制度，在适用于中非间航天贸易时必将产生"机理性"困境。

《服务贸易总协定》允许发展中国家采取特殊的贸易措施或制定特殊的贸易条件，如《服务贸易总协定》第 12 条规定，对发展中国家或处于经济转型期的国家，考虑到其在国际收支方面面临压力和维持财政收入平衡的合理诉求，允许其对已作出承诺的服务贸易采取特殊的限制措施，但是同时又规定了诸多限定性前提，如此种限制不得对其他成员带来贸易歧视，亦不得对其他成员带来经济或商业上的利益损失等。② 在与航天通信服务最为密切的电信服务附件中，《服务贸易总协定》这种两面性体现得更为彻底。

电信服务附件首先申明了贸易自由和市场开放原则，规定所有成员均不得制定歧视性或其他不合理的条款，妨碍其他成员的电信服务提供商进入其电信市场，但是同时又规定，发展中国家仍可在与其发展水平相适应的幅度内，对公共电信传输网络和服务的市场准入设置必要的条件，但为限制发展中国家随意增设条件，附件明确规定，必要条件应在承诺减让表中以明示方式列出，即意味着条件的增设仅限于减让表中所列举的内容。列明必要条件涉及减让表的修改，但是电信服务附件限定减让表的修改只能在附件生效三年后进行，并且应与其他具有利害关系的成员开展谈判，以向利害方作出相应的补偿安排，如谈判不成则利害方可以提起仲裁。因此，尽管《服务贸易总协定》及其附件

---

① Corruption Perceptions Index 2016. 参见 https：//www. transparency. org/news/feature/corruption_ perceptions_ index_ 2016. 2021 - 10 - 22 最后访问.

② 车丕照，杜明. WTO 协定中对发展中国家特殊和差别待遇条款的法律可执行性分析［J］. 北大法律评论，2005（02）：287 - 304.

为包括非洲国家在内的发展中国家制定了貌似公平的"特殊照顾"条款，但是严格的限定条款和彻底的透明度原则、市场准入原则、非歧视性原则所构建起来的严密的防范体系，使得"特殊照顾"条款的实现面临极大的阻碍①，本质上属于"南南合作"范畴的中非航天贸易无论从双方经贸合作理念上，还是从历史实践上都与西方主导下的服务贸易法律体系存在理念上的差异。

（3）国际航天合作法律机制

中非航天贸易不仅是中非合作转型升级的具体体现，同时也是中非各方履行国际空间法规定的有关各成员国加强航天合作法律义务的内在要求。国际空间法明确规定了各国，尤其是航天大国应积极开展对发展中国家的航天合作，以促进发展中国家航天技术能力的进步。实现国际航天合作的形式是多种多样的，既包括航天产品与服务贸易、技能培训、融资支持，也包括技术许可和转让，如前文所述中非航天贸易包括从天基到地面的设施设备，涵盖了产品、服务与技术的一揽子航天解决方案。因此，无论从中非合作的内在因素而言，还是从空间法规定而言，中非航天贸易都无疑属于国际空间合作范畴。目前，中国与大多数非洲国家加入了国际空间法主要条约，国际航天合作法律机制是中非航天经贸合作的重要法律依据。

在联合国外空委的推动下②，1966 年 12 月联合国大会通过了《关于各国探索和利用外层空间包括月球与其他天体活动所应遵守原则的条约》（以下简称《外空条约》），自 1967 年 10 月始永久有效。③《外空条约》是一部具有"硬法"性质的国际空间法文件，其所确立的外空活动十项基本原则，奠定了国际空间立法的基本价值取向，因而具有"空间宪法"的地位，经过国际社会长期的法律实践，目前，《外空条约》所确立的基本原则已经具有国际强行法的性质④，中国于 1983 年成为该条约的缔约国，非洲共有 21 个国家批准了

① 姜作利. 试析 WTO 特殊差别待遇规则"硬化"的合理性——发展中国家的视角［J］. 山东师范大学学报（人文社会科学版），2015（04）：68 – 79.

② 参见联合国外层空间事务办公室 http：//www. unoosa. org/oosa/en/ourwork/copuos/index. html. 2021 – 9 – 12 最后访问.

③ 参见联合国外层空间事务办公室 http：//www. unoosa. org/oosa/en/ourwork/copuos/members/evolution. html. 2021 – 9 – 12 最后访问.

④ 赵云. 外空活动中国际合作原则的适用：形式和实体要求［J］. 国际太空，2015（1）：36 – 39.

《外空条约》，10 个国家签署了《外空条约》，作为条约缔约国，《外空条约》对于中非航天贸易具有较强的法律约束力。

《外空条约》第 1 条确立了外空探索和利用全人类共同利益原则①，空间科技与空间资源不应成为个别航天强国谋取空间战略优势的手段，包括广大非洲国家在内的所有国家，在探索和利用外空方面应享有广泛的自由②，在该原则指导下，欧盟已经通过立法促进空间探索的有序安全、可持续性。③《外空条约》第 3 条所规定的"外空国际合作原则"则是对于其"全人类共同利益原则"的进一步发展。④ 目前，航天科技实际上处于强国垄断状态，各国均将之视作事关国家安全的尖端科技，而对其跨境传播与扩散施以严格的管控，只有鼓励外空领域的国际合作，推动航天强国放弃外空对抗思维，促进航天技术的扩散、传播，才能实现空间探索而真正造福于全人类。因此，《外空条约》所确立的"外空国际合作原则"赋予了各国，尤其是航天先行国家采取措施推动国际航天共同发展的法律义务。

1996 年 12 月联合国大会通过的《关于开展探索和利用外层空间的国际合作，促进所有国家的福利和利益，并特别要考虑到发展中国家需要的宣言》（以下简称《宣言》）提出了外空合作的八项原则，进一步将《外空条约》所确立的国际合作原则具体化，该宣言是在发展中国家工作文件基础上形成的，反映了发展中国家在空间合作中的利益诉求，《宣言》指出空间能力落后国家与空间能力先进国家的空间合作应建立在平等、互相可接受的基础上，并提出空间合作可以通过政府间与非政府间合作，商业与非商业合作的方式进行。⑤中非航天贸易中中国不仅向非洲国家出售航天产品，还注重以共建共享的方式吸纳非洲国家参与航天贸易项目的实施，向非洲国家转让航天科技，帮助其建

---

① 联合国出版物 ST/SPACE/11. 联合国与外层空间有关的条约和原则，纽约. 2002. 3.《外空条约》第 1 条规定："探索和利用外层空间，包括月球与其他天体在内，应本着为所有国家谋福利与利益的精神，不论其经济或科学发展的程度如何，这种探索和利用应是全人类的事情"。

② Bridge R L. International Law and Military Activities in Outer Space [J]. Akron L. rev, 1979：649 – 664.

③ Su J, Zhu L. The European Union Draft Code of Conduct for Outer Space Activities：An Appraisal [J]. Space Policy, 2014, 30（1）：34 – 39.

④ 《外空条约》第 3 条规定："各缔约国探索和利用外层空间，包括月球与其他天体在的活动，应按照国际法，包括联合国宪章，并为了维护国际和平与安全及增进国际合作与谅解而进行。"

⑤ 尹玉海. 国际空间法论 [M]. 北京：中国民主法制出版社，2006：124.

立本国航天工业，体现了中国作为航天技术较为先进国家在促进国际合作，推动航天技术向非洲国家转移方面履行了国际空间法所赋予的国家义务。

联合国五大外空公约及与外空有关的原则宣言共同构成了国际空间法律体系，并延续至今成为国际空间法的主要法律渊源。① 目前，除《月球协定》外，中国已经加入了其他四项外空公约，尽管非洲国家航天科技产业落后于其他国家，但是在空间治理方面却有着较高的参与度②，这与其落后的航天能力现实形成鲜明的对比。尽管国际空间法律体系存在诸多不完善之处，但不可置疑的是其体现了国际社会至今就空间治理所达成的最大共识，因而，得到了普遍的接受，奠定了中非航天贸易的法律理论基础。

（4）航天知识产权保护国际法律机制

现行知识产权保护国际公约和国际空间法条约均未对航天贸易知识产权保护给予详细规定，但其所规定的知识产权保护原则对于中非航天贸易知识产权保护具有一定的指导意义。

《与贸易有关的知识产权协议》（以下简称 Trips 协议）在第 7 条有关立法目标中明确指出"知识产权的保护和执法应有助于促进技术革新和技术转让与传播，使技术知识的创造者和使用者互相受益，并有助于社会和经济福利的增长及权利和义务的平衡"，专利技术知识产权保护立法导向，从侧重保护的"篱笆式"理念转向保护与传播并举的"开放式"理念。Trips 协议在第 27 条关于专利授予客体明确规定，专利权的授予和享受不受发明的地点、技术领域的影响③，这意味着航天技术尽管存在高风险、高投入、高技术、高敏感性等诸多特点，依然成为 Trips 协议专利授予和保护的客体，并不因为其地点的特殊而失去可专利性，并且 Trips 协议进一步规定，无论产品是进口或是本地生

---

① 联合国大会先后通过了《关于各国探索和利用外层空间包括月球与其他天体活动所应遵守原则的条约》《营救宇宙航行员、送回宇宙航行员和归还发射到外层空间的物体的协定》《空间物体所造成损害的国际责任公约》《关于登记射入外层空间物体的公约》《关于各国在月球和其他天体上活动的协定》。

② 批准《营救协定》《责任公约》《登记公约》的非洲国家数目分别为 17、14、7，在三大公约所有缔约国中占比分别为 18%、15%、11%。

③ Trips 协议第 27 条第 1 款规定规定："专利的取得和专利权的享受，应不分发明的地点、技术领域以及产品是进口还是当地生产。"

产都能获得其保护。航天技术本身如果成为一种商品进入贸易市场，据此依然能受到 Trips 协议的法律保护。

《宣言》规定，国家应通过平等互利的方式解决外空纠纷，合同条款不得侵害当事人的知识产权利益，从而将航天贸易知识产权纳入外空法保护范畴。① 对于促进私营实体参与中非航天贸易具有重要作用。但是这些法律规制的可操作性不强。② 1999 年 7 月联合国第三次探索及和平利用外空会议后，和平利用外层空间委员会的法律小组就外空知识产权的问题展开了讨论，由于缺乏成员国的支持，没有达成一致协议，主要分歧在于航天大国与没有能力进入空间的国家之间的利益难以协调，尤其是发达国家与发展中国家之间分歧较大。但是随着中国商业航天战略和空间信息走廊建设的推进，越来越多的私营实体将参与中非航天贸易，对于航天知识产权保护的需求将不断增长。

中非航天贸易知识产权保护更多地依赖非洲政府间知识产权协定予以保护。在知识产权领域，非洲国家先后成立了非洲知识产权组织（OAPI）和非洲地区工业产权组织（ARIPO）两大机构，前者创立于 1962 年，该组织的成员国为非洲地区法语国家，根据《关于建立非洲知识产权组织及修订〈建立非洲—马尔加什工业产权局协定〉的班吉协定》的规定，各成员国同意设立联合机构以作为各国共同的工业产权局，负责知识产权证书颁发、资料和信息的整理及参与成员国的发展。经过不断的修改组织协议，非洲知识产权组织扩大了知识产权保护的客体，包括发明、外观设计、商标、实用新型、产品和服务标记、版权等多项智力成果，从而将航天贸易技术成果专利保护、商标与服务标记保护完整地纳入了区域知识产权保护制度。目前，非洲知识产权组织共有 17 个成员国。③ 非洲地区工业产权组织成立于 1976 年，成员国为非洲地区英语国家，目的在于促进知识产权信息的交流和获取，推动各国政策协调一

---

① 《关于开展探索和利用外层空间的国际合作，促进所有国家的福利和利益，并特别要考虑到发展中国家需要的宣言》第 2 段规定："国家在参与国际合作开发外空中，在平等、互惠的基础上自由解决所有问题。合同条款应该公平、合理，不得侵害有关当事人的合法权利和利益，如知识产权。"

② 联合国和平利用外层空间委员会 1996 年通过的《关于开展探索和利用外层空间的国际合作，促进所有国家的福利和利益，并特别要考虑到发展中国家的需要的宣言》第 2 条规定："各国均可在公平和可以相互接受的基础上自行决定参加探索和利用外层空间的国际合作的所有方面。这种合作活动的合同条件应当公平合理，应当完全符合有关各方的合法权利和利益，例如知识产权。"

③ 参见非洲知识产权组织网站 http：//www. oapi. int/. 2021 - 5 - 4 最后访问.

致。目前共有 19 个非洲国家加入了该组织。非洲地区工业产权组织成员间的紧密程度和政策法规一致性不及非洲知识产权组织，但毫无疑问两者在促进非洲知识产权保护与对外合作方面都具有重要作用。①

2008 年以来为加强与非洲次区域知识产权组织的合作，中国国家知识产权局和工商行政管理总局（现为市场监督管理局）与非洲两大知识产权组织签署了多项合作协议，中国与非洲国家将在次区域合作协议的基础上，就专利审查、文献信息的交换、案件的协商处理开展合作，推动了中国与非洲次区域组织知识产权保护法律合作②，将从法律执行层面为中非航天贸易提供有力的保护。

3.1.2　中非航天贸易双边协定机制

中非贸易关系不断深入，中国已经连续多年成为非洲第一大贸易伙伴，中国与大多数非洲国家签订了双边贸易协定，规定了有关推进贸易便利化的内容，并建立了双边经贸联委会机制，从而成为中非航天贸易主要法律依据。

（1）中非双边贸易协定的发展

早期的中非关系"援助"色彩浓厚，而"贸易"色彩不足③，由于双方的贸易活动并不活跃，因此，在二十世纪八十年代以前中国与非洲国家签订的双边贸易协定数量极少，而且协定内容也极为简单仅有数条条款，如 1955 年签订的《中华人民共和国政府和埃及共和国政府贸易协定》，全文仅有 9 条，贸易额采用协商确定制，并且专门制定了分别向对方出口的货单，对贸易类型和规模进行了严格的限制。④

二十世纪八十年代以后，中国对非经贸政策从以政治导向型的援助为主转

---

① 参见非洲地区工业产权组织网站 http：//www. aripo. org/about－aripo/legal－framework. 2021－5－3 最后访问.

② 国家知识产权局局长率团访问摩洛哥工业和商业产权局、非洲知识产权组织。参见 http：//www. fmprc. gov. cn/zflt/chn/zxxx/t1455001. htm. 2021－7－3 最后访问.

③ 朱月季. 新援助格局下中国对非洲援助实践的改革路径：美国经验 ［J］. 华中农业大学学报（社会科学版），2017（01）：120－145.

④ 中华人民共和国外交部档案馆编. 中华人民共和国外交档案选编（第二集）——中国代表团出席 1955 年亚非会议 ［M］. 北京：世界知识出版社，2007：91.

向以发展多种形式的互利合作为主，中非贸易额不断增长，贸易合作领域不断拓展。① 形成了体量大、多层次、宽领域的贸易格局。② 蓬勃发展的贸易关系需要中非双方为之提供法律机制上的保障，中国与非洲国家签订了大量的双边经贸协定。③ 截至目前，中国已经与45个非洲国家签订有双边贸易协定④，加强在海关、税务、检验检疫等领域的合作，推进贸易便利化成为双边贸易协定的主要内容。⑤ 在已签订的双边经贸协定的基础上，中国与45个非洲国家建立了经济贸易混合委员会或经济和贸易联合委员会机制，以研究并建议采取措施促进两国间经济和贸易合作，解决双边经贸合作中产生的问题。值得关注的是，尽管2000年成立的中非合作论坛作为中非合作的常态性对话磋商机制，对于推动中非航天贸易快速发展发挥了重要作用。但是，论坛成立以后，中国与非洲国家之间签订的双边贸易协定数量并未出现大幅增长，适用于中非航天贸易的双边贸易协定大量签订于二十世纪八九十年代，从而在这一时期形成贸易协定签订的高峰期，奠定了中非航天贸易双边法律机制的基础，进而对中非航天贸易起到初步的规制作用。

中非双边贸易协定的签订始于埃及、突尼斯等北非国家，并向尼日利亚、刚果（金）、津巴布韦、纳米比亚等撒哈拉以南的国家发展，从而呈现一种由北向南扩展的特点，这与非洲国家民族独立运动发展特点以及中国对非交往范围密切相关。此外，与同期西方国家与非洲国家所签贸易协定相比，中非双边贸易协定一个明显的不同之处在于，阐明了两国间的贸易以进口商品总值和出口商品总值平衡为原则，双边贸易协定是中非航天贸易主要法律依据。⑥

---

①　参见中国国务院新闻办公室2014年发布的《中国的对外援助》白皮书。

②　贺文萍. 中非经贸合作转型升级［J］. 中国投资，2016（09）：84 – 85.

③　虽然在中国与一些非洲国家签订的双边"经济技术合作协定"中，个别条款涉及设备和生产资料的进出口贸易，但是"经济技术合作协定"，主要为解决中国向非洲国家提供的某笔无偿援助资金或优惠贷款的使用问题而专门签订的临时性协定，并且内容极其简短，如2001年签订的《中国和多哥政府经济技术合作协定》仅有三个条文，规定中国向多哥提供的三千万人民币无偿援助用于总统府建设，鉴于"经济技术合作协定"的上述特点，本书未对其作重点分析。参见《中华人民共和国政府和多哥共和国政府经济技术合作协定》《中华人民共和国政府和肯尼亚共和国政府经济技术合作协定》。

④　Alaba Ogunsanwo, China's Policy in Africa：1958 ~ 1971, London：Cambridge University Press, 1974：37.

⑤　参见中国国务院新闻办公室2010年发布的《中国与非洲的经贸合作》白皮书。

⑥　余伟斌，刘雯. 1955—1965年中国对非洲贸易研究［J］. 当代中国史研究，2017（2）：85 – 93.

（2）中非双边贸易便利化机制

扩大中国与非洲国家的双边贸易规模、推动双边贸易便利化成为中非双边贸易协定的重要目的。中非双边贸易协定主要规定了双边贸易范围、最惠国待遇以及贸易鼓励机制。

首先，大部分的贸易协定中，都规定了经济贸易技术合作的范围或种类，将货物和服务贸易、双方法人或自然人在对方国家投资兴办企业、专家和技术人员交流纳入双方经贸合作范畴。值得关注的是，中国与埃塞俄比亚于1996年5月13日签订并生效至今的经贸协定，除将上述内容纳入合作范畴之外，还明确规定双方的经贸技术合作包括技术进出口、为执行合作项目互派专家和培训必要的技术人员，中国与尼日利亚、喀麦隆等国签订的贸易协定中也有类似的规定。这些规定为中非间开展航天技术贸易和服务贸易提供了原则性的指导。

其次，最惠国待遇条款成为中非贸易协定的"标配"内容，尽管双边经贸协定的实质性内容条款通常不超过10条，但是在所有有效的贸易协定中，有关最惠国待遇的条款往往占据两到三条的篇幅，规定在"进口、出口、转口或过境货物的关税和其他费用；征收这些费用的方法及海关行政程序；签发进口和出口许可证的行政手续"等方面①，互相给予最惠国待遇，同时也都规定最惠国待遇不适用于"缔约任何一方为便利边境贸易已经给予或将要给予邻国的优惠和便利；缔约任何一方因已成为或将要成为任何自由贸易区、关税同盟、共同市场、经济同盟或货币联盟成员国而产生的优惠和便利"。② 在双边贸易协定签订的二十世纪八九十年代，中国正致力于加入WTO，对于自由贸易区以及各类次区域经济组织缺乏清晰的认识，更遑论向他国提供贸易优惠待遇，上述规定或类似规定主要是考虑到大部分非洲国家加入了自二十世纪八九十年代以来成立的各类非洲次区域组织，为推行非洲经济一体化，促进本地区国家经济发展，成员国间相互享有各项经贸优惠或便利，在中非贸易中，中

---

① 参见1996年签订的《中华人民共和国政府和尼日利亚联邦共和国政府贸易、经济和技术合作协定》。

② 参见2002年签订的《中华人民共和国政府和喀麦隆共和国政府贸易、经济和技术合作协定》。

国并未要求非洲国家向中国提供此类同等优惠待遇，以照顾非洲国家推动区域经济发展的现实需求。

最后，为促进中非双方的经贸关系发展，加强人员和信息流通，中非双边贸易协定中通常也会规定"缔约双方鼓励两国企业家、企业家团组互访；鼓励本国企业在对方国家举办展览会及参加博览会；根据各自现行的法律和法规，为在各自境内参加博览会、举办展览、研讨会、贸易团组访问以及类似活动相互提供必要的便利"。① 此外，建立一个由双方政府代表组成的经贸联合委员会或混合委员会以监督协定的执行，解决协定执行或解释中产生的分歧或纠纷也是中非经贸协定的重要内容。目前，完善经贸联合委员会依然是中国与非洲国家推动构建常态性对话磋商机制的主要内容。

除双边贸易协定外，中国还与一些非洲国家签订了双边科技合作协定，规定了在科技领域开展联合研究、互派专业技术人员、促进知识和技术的转让等各种形式的合作，加强双方在高科技和应用技术等领域的合作与交流，并建立双方科技联合委员会作为科技合作促进机构。② 在中国与南非签订的科技合作协定中，对于合作中的知识产权权益分配也做了原则性的规定，如"双方同意，本协定框架下共同研究开展所获得的技术成果和经济利益，包括专利、专有技术、版权等知识产权由双方共享，有关具体条款由有关合作各方在单独协议或议定书中确定"。③ 中非航天贸易是科技密集型贸易，联合研究、项目共建、人才培训等方面涉及大量的科技合作，因此，科技合作协定对于中非航天贸易具有重要的规范作用。

3.1.3　中非国内民用航天法律机制

为促进国内民用航天事业的发展，将民用航天活动纳入规范化管理，中国有关航天贸易的法律规范散见于《对外贸易法》《技术进出口管理条例》以及航天行政规章中，并制定了相应的管理机制，对航天贸易审批许可、航天登记与发射问题进行了规制，非洲国家的航天法制建设则尚处于起步阶段，南非、

---

① 参见 1995 年签订的《中华人民共和国政府和摩洛哥王国政府经济和贸易协定》。
② 参见 2011 年签订的《中国政府和埃塞俄比亚政府科技合作协定》。
③ 参见 1999 年签订的《中华人民共和国政府和南非共和国政府科学和技术合作协定》。

尼日利亚等国出台了本国的航天政策,并颁布了航天单行法规,对中非航天贸易起到了初步的约束作用。

(1) 中国民用航天管理法律机制

二十世纪九十年代以来,随着国防科技工业管理体制改革不断推进,原航天科研生产单位纷纷从计划经济体制下的企事业单位向现代国有企业转变,中国航天活动中的"市场"因素不断增多,航天国际合作与航天对外贸易项目逐渐增多。在这种时代背景下,将中国航天活动纳入法治轨道的需求越发迫切,《对外贸易法》以及国务院行政规章初步规定了中非航天贸易的合同备案、技术进出口管理以及商业发射等法律问题。

① 航天贸易合同备案制度和限制措施

2016 年新修订的《对外贸易法》第 2 条规定"本法适用于对外贸易以及与对外贸易有关的知识产权保护",① 明确界定了该法的适用范围,并首次将与对外贸易中的知识产权保护纳入该法规制范围。《对外贸易法》在该条第 2 款界定了"对外贸易"的定义,即"本法所称对外贸易,是指货物进出口、技术进出口和国际服务贸易"。该款规定与航天贸易的内涵定义高度重合,航天产品贸易、技术贸易与服务贸易被完全纳入《对外贸易法》的适用范围中。技术贸易涉及技术的转移和扩散,成为该法重点规制的内容,《对外贸易法》建立了对外贸易合同备案登记制度,据其第 15 条规定,即使某项技术不属于限制进出口技术而属可自由进出口的技术,依然需要向对外贸易主管部门进行合同备案登记。② 中非航天贸易既包括限制进出口航天技术贸易也包括自由进出口航天技术贸易,根据上述规定,自由进出口的航天技术贸易应在国家商务部进行合同备案登记。促进货物与技术的自由进出口是《对外贸易法》所确立的法律原则,但是基于维护国家安全、社会公共利益以及所参加的国际条约的规定等原因,国家可以对某些货物与技术的进出口实行禁止或限制措施,尤其是国家可以对涉及裂变、聚变以及军用的货物与技术采取任何措施以维护国

---

① 参见《中华人民共和国对外贸易法》第 2 条。
② 参见《中华人民共和国对外贸易法》第 15 条。

家安全。① 从而为中非航天贸易进出口管制措施提供了"法律"层面的依据。第 19 条更是明确规定"国家对限制进口或者出口的货物，实行配额、许可证等方式管理；对限制进口或者出口的技术，实行许可证管理"。② 国家可以基于特殊理由以及贸易内容本身的特殊性对某些货物与技术的进出口采取监测与限制措施，这一立法精神延伸至服务贸易领域，在该法第 26 条至第 28 条中专门就服务贸易的禁止和限制进出口作出了规定。该法还规定了国家建立对外贸易发展基金、风险基金以及预警应急机制，对于建立中非航天贸易风险防控机制具有原则性的指导作用。

② 航天技术贸易管理制度

随着航天贸易的不断发展，中国在国际航天贸易市场的参与度不断提高，商业发射、航天技术转让与合作等形式成为中国航天贸易的新样态，《对外贸易法》作为普遍适用的基础性法律，难以有效地规范航天贸易发展中的法律问题。国务院先后于 2001 年、2002 年出台了《技术进出口管理条例》和《导弹及相关物项和技术出口管制条例》，这两部行政法规是对《对外贸易法》在具体领域的落实，对于中非航天贸易具有直接的法律约束力。《技术进出口管理条例》第 2 条明确界定了"技术进出口"的内涵，即"是指从中华人民共和国境外向中华人民共和国境内，或者从中华人民共和国境内向中华人民共和国境外，通过贸易、投资或者经济技术合作的方式转移技术的行为"，③ 技术进出口本质上是一种技术转让行为，包括专利申请权的转让、专利权的转让、专利实施许可。根据该法规定，中非航天技术贸易需符合国家产业和科技政策、有利于中国的科技进步和促进进出口双方的经济技术贸易的发展。④ 对于某些特殊技术或敏感技术限制进出口并实施许可证管理，而自由进出口技术仅

① 《中华人民共和国对外贸易法》第 17 条规定："国家对与裂变、聚变物质或者衍生此类物质的物质有关的货物、技术进出口，以及与武器、弹药或者其他军用物资有关的进出口，可以采取任何必要的措施，维护国家安全。"

② 参见《中华人民共和国对外贸易法》第 19 条。

③ 参见《中华人民共和国技术进出口管理条例》第 2 条。

④ 《中华人民共和国技术进出口管理条例》第 4 条规定："技术进出口应当符合国家的产业政策、科技政策和社会发展政策，有利于促进我国科技进步和对外经济技术合作的发展，有利于维护我国经济技术权益。"

实施合同备案登记管理。《导弹及相关物项和技术出口管制条例》则建立了针对"导弹及相关设备、材料、技术的贸易性出口以及对外赠送、展览、科技合作、援助、服务和以其他方式进行的技术转移"严格的许可证件管理制度，并通过附件清单制度对导弹及其相关物项和技术出口实施分层分类管理，根据敏感性的程度不同分别规定了相应的出口管制措施。①

航天贸易是技术密集型贸易，中国向非方转移的大量航天技术中，不仅包括有普通技术的转让，也势必包含涉及运载火箭、卫星制造方面的尖端技术，根据规定，中非航天贸易则须按照上述条例履行许可审批手续，不仅如此，对中非航天贸易进出口经营者的经营资质实施事先登记制，未经登记不得从事经营活动。② 尤其需要指出的是，为了切实履行防止大规模杀伤性武器扩散的国际条约义务，《导弹及相关物项和技术出口管制条例》第 6 条规定"导弹相关物项和技术出口的接受方应当保证，未经中国政府允许，不将中国供应的导弹相关物项和技术用于申明的最终用途以外的其他用途，不将中国供应的导弹相关物项和技术向申明的最终用户以外的第三方转让"。该条所确立的最终用途和最终用户限制条件为中非航天贸易防扩散管控奠定了国内法基础。

③ 民用航天登记与发射法律制度

在中非航天贸易中，商业发射是重要的贸易内容，商业发射涉及航天物体的登记和发射许可管理等法律问题。国防科工局（原国防科工委）、商务部、科技部等职能部门作为航天贸易部门规章的主要制定者，相继制定出台了《空间物体登记管理办法》（以下简称《登记管理办法》）、《民用航天发射项目许可证管理暂行办法》（以下简称《暂行办法》）、《民用航天发射项目许可指南》等国务院部门规章和规范性文件。③ 其中《空间物体登记管理办法》是中国作为联合国《登记公约》缔约国，主动履行该公约所确定的国家登记义务的体现。《登记管理办法》第 3 条明确规定"本办法适用于在我国境内发射的所有空间物体，以及我国作为共同发射国在境外发射的空间物体"。《登记

---

① 参见《导弹及相关物项和技术出口管制清单》前言。
② 参见《导弹及相关物项和技术出口管制条例》第 2 条。
③ 谷英喜. 中国航天法律制度研究 [D]. 北京：中国政法大学，2011.

管理办法》将空间物体的登记主体从国家扩展到了法人、组织和自然人，这无疑有利于推动航天活动的商业化和私营化，根据《登记管理办法》的规定，中非航天贸易中在中国境内发射的空间物体，其所有者为非方政府、组织或自然人时，由承担商业发射服务的公司负责国内登记，目前长城工业集团公司作为中国主要的航天外贸企业，承担了中非航天贸易商业发射国内登记的主要任务。未来中非航天贸易将不仅涉及多方参与，而且还将有多个国家参与而形成多边合作的局面，此时，若空间物体不在中国境内发射，如由欧美等国发射，但是中国作为共同发射国家，则由空间物体的所有者承担中国国内的登记义务。① 此外《登记管理办法》还规定了空间物体登记的程序、时间、内容以及登记变更的情势，为中非航天贸易中空间物体的登记提供了较为详细的指导。

2002 年国防科工委颁布实施了《民用航天发射项目许可证管理暂行办法》（以下简称《暂行办法》），虽为"暂行办法"，然而至今，依然在其所规定领域发挥着重要作用。《暂行办法》在第 2 条明确规定所有"非军事用途，在中国境内的卫星等航天器进入外层空间的行为，以及中华人民共和国自然人、法人或其他组织已拥有产权的或者通过在轨交付方式拥有产权的卫星等航天器在中国境外进入外层空间的行为"。均属于其适用范围之内，并规定对该类行为的发射项目实施前置许可审批制度，规定发射项目总承包人为许可证申请人，若发射方为分包人则不具备申请人资格。中非航天贸易中，长城工业集团公司作为国家目前授权的唯一从事商业发射、卫星及其他空间科技国际合作的商业机构，往往充当航天合同的总承包商角色，因此大多数时候其为许可证申请人，若无国内项目总承包人，则航天器产权最终所有人为许可证申请人，主要考虑到中国自然人、法人或其他自然人拥有航天器产权但选择在境外发射升空的情况。这一规定将适用于私营实体参与中非航天贸易的情形，如中国航天企业在海外发射拥有所有权并向非洲国家提供应用服务的卫星。同时按照《暂行办法》的规定，中非航天贸易中的发射服务作为具有涉外因素的发射项目，应由中国政府指定的外贸公司实施（目前为长城工业集团公司），并且发射合同自国防科工局批准之日生效，而非签订之日生效。此外该法还规定了许可证申请和审批的程序、许可证的内容和监督、第三方责任保险等内容，成为至今

---

① 参见《空间物体登记管理办法》第 7 条和第 8 条。

民用航天发射领域最为重要的法律规范。

(2) 非洲国家航天促进法律机制

总体而言，非洲国家空间立法滞后于其与区域外航天大国广泛开展的航天贸易，非洲尚未制定完整的航天法律体系，但是南非、尼日利亚、摩洛哥、埃及等非洲航天先行国家出台了若干航天相关法律，以推动非洲国家参与国际航天经贸合作、发展本国航天产业。

① 非洲主要国家航天法律政策

作为非洲大陆最早开展航天活动的国家，南非在政策制定方面领先于其他国家，目前该国已经颁布了《空间事务法》《国家航天战略》《国家航天政策》《天文地理优势法案》《国家航天局法案》等多部航天法规。① 1993 年出台的《空间事务法》及其修正案明确规定了该法所调整的对象，包括政府机构空间活动和非政府部门空间活动，并确认了政府在外空事务中的监管作用，这一规定体现了南非越来越多的私营企业参与空间活动的趋势。为履行南非在和平利用外空方面对于国际社会的承诺，寻求正式的具体空间方案，《空间事务法》授权贸易与工业部部长确定南非的空间政策②，并成立了国家空间事务委员会作为空间政策的执行机构，负责空间活动许可证的颁发工作。这不仅加强了国家对空间活动的控制和管理，也是南非作为《外空条约》成员国履行外空国家责任义务的重要体现。

在姆贝基总统时代，南非大力开展空间探索对外合作，成为南非航天法制建设的重要阶段。2003 年南非成立了国家空间科技工作组，旨在促进和协调南非空间探索和应用计划。南非内阁于 2008 年 12 月批准了南非的《国家航天战略》（NSS），该战略的目的是激发空间企业的积极性，以使南非成为利用空间技术的先进国家。该战略提出了三个战略目标，即环境与资源管理、安全与治安、创新与经济增长。2009 年 3 月，南非贸工部发布了《国家航天政策》

---

① 为争取"平方公里阵列天文望远镜"落址本国，南非于 2008 年颁布了《天文地理优势法案》，为"平方公里阵列天文望远镜"项目选址本国提供法律保护。

② 虽然法律规定由贸工部部长确定国家航天政策，但是制定国家航天政策并非专属于贸工部部长的职权，而是南非政府获得已被议会授权的空间职权的一种手段。

（NSP），其目标为争取空间利益最大化，减少重复投资和研发，为所有空间活动参与者提供一个系统的支撑网络，促进航天领域商业化竞争，同时南非空间政策致力于推动南非成为负责任的空间开发和利用者，确保国家和私营航天企业的行为符合国际空间法规范。

《国家航天战略》从顶层设计的层面为空间项目提供了宏观的战略方向以及最终的目标。而《国家航天政策》则提供了一个具体的指导的方案，提出了现阶段以及将来一段时间国家空间方案的重点发展领域，并规定了组织实施的方式。① 《国家航天战略》规定"南非致力于利用外层空间，用于和平目的，造福全人类"。为促进和加强空间领域国际合作，进一步指出，南非应积极参与地区和全球多边论坛，推动国际航天贸易公平化和规范化，《国际航天政策》指出，"国内监管环境应旨在促进私人和公共部门，在国内和全球空间舞台上的可预测和有序的参与。它将执行符合规定的法规和适用的国际义务，同时确保许可证和进口/出口申请的透明和及时处理"。

尼日利亚作为非洲区域性大国早在 1999 年即成立了国家空间研究发展局（NASRDA）统筹协调国家所有空间科学技术研究和应用项目，作为主要机构制定空间和技术发展政策，国家空间研究发展局隶属于尼日利亚联邦科学技术部，致力于通过空间科技开发与应用造福于国家经济社会发展。② 尼日利亚在 2001 年批准了空间政策并设立了国家空间委员会，规定国家空间委员会促进航天领域国际合作的相关职能。尼日利亚希望发挥自身优势，推动加强非洲本土航天合作，从而在非洲航天舞台上展现领导力。为监督国家空间项目的落实，总统和副总统分别担任该机构的主席和副主席③，从而构建了从顶层设计到具体实施的航天决策和实施机制。

尽管非洲国家在航天科技方面落后于其他航天国家，但是随着航天意识的不断增强，本区域内航天先行国家通过航天立法或航天政策，阐明了国家航天发展的目标和主要任务，并根据具体航天合作项目制定了相应的单行法规，如

---

① V. Munsami. South Africa's national space policy: The dawn of a new space era [J]. Space Policy, 2014 (30): 118.

② 参见尼日利亚国家空间研究发展局网站 http://www. nasrda. gov. ng/? q = about - us#1. 2021 - 9 - 2 最后访问.

③ 张会庭. 尼日利亚的航天活动 [J]. 中国航天, 2006 (3): 17 - 19.

南非《天文地理优势法案》保障平方公里阵列项目的顺利实施，航天管理机构的建设也取得初步成效，这为中非航天贸易的开展创造了较好的国内法律环境。

② 非洲主要国家航天知识产权保护法律机制

非洲国家制定的知识产权法规大多直接参考西方国家立法规定，因而立法较为先进。南非于2008年出台了与航天科技密切相关的《公共财政支持研究与开发知识产权法》，该法第2条明确规定，公共财政支持的研究与开发中的知识产权的保护、应用、商业化应致力于维护和实现南非国民、社会、军事等利益。① 该法建立国家知识产权管理办公室，为公共财政支持研究开发的知识产权与非南非实体、个人进行交易制定指导规则。② 该法对于公共财政支持研发的知识产权的境外交易采取谨慎态度，任何境外的交易都必须事先向国家知识产权管理办公室报告并获得批准，尤其是向境外转让知识产权或进行独占许可受到严格的监管，只有在证明本国没有足够能力开发或使之商业化，以及这种转让和许可对本国有利的情况下才有可能获得批准。从中国与南非间现有航天贸易分析可知，南非政府往往将航天技术合作研发纳入公共财政支持的范畴，并由科技部对外签订航天贸易协议，因此，中南航天贸易的知识产权受《公共财政支持研究与开发知识产权法》的规制，虽然南非受公共财政支持的航天科技向中国转让或许可被严格限制，但是中南民营航天企业间的航天技术与产品贸易并未被限制。在中国向南非转移卫星遥测技术，开展卫星通信产品贸易时，亦不受南非《公共财政支持研究与开发知识产权法》的约束，并因为中南双方均已加入 Trips 协议、专利合作条约（PCT）、保护工业产权巴黎公约等国际知识产权条约，双方间航天贸易的知识产权能受到 Trips 协议所确立

---

① Intellectual Property Rights from Publicly Financed Research and Development Act（No. 51 of 2008）Article 2.（1）The object of this Act is to make provision that intellectual property emanating from puhlicly financed research and development is identified, protected, utilised and commercialised for the benefit of the people of the Republic, whether it be for a social, economic, military or any other beneflt.

② Intellectual Property Rights from Publicly Financed Research and Development Act（No. 51 of 2008）Article 9（4）（e）develop guidelines for intellectual property transactions involving non – South African entities and persons, and manage the implementation of such guidelines.

的较高标准的保护。①

尼日利亚重视航天专利技术的转让实施，通过立法规定成立国家工业技术转让促进办公室。中尼之间航天技术贸易合同须在该办公室进行登记。航天技术的转让与实施中的知识产权利益分享，应该成为中尼航天贸易知识产权保护的重要内容。② 乌干达 2014 年出台的《工业产权法》为中非航天贸易的知识产权申请提供了两种途径，一是根据本法第 21 条的规定，中方航天企业通过乌干达高等法院在册律师代为在乌申请专利，从而获得乌干达知识产权法的保护，二是根据本法第 45 条的规定，中方航天企业向非洲地区知识产权组织提出知识产权申请，并指定乌干达为生效国家，同样能获得乌干达的知识产权授权。③

根据埃及《专利和工业设计法》的规定，中非航天贸易的专利技术保护期限为自申请之日起 15 年，并可延期，航天商标的有效期为 10 年，并规定任何住所地或世界贸易组织成员方的法人和自然人均有权在埃及专利局申请专利，同时对世界贸易组织成员方人民在知识产权保护上适用最惠国待遇。④ 中埃双方都为世界贸易组织成员方，根据埃及《有关知识产权保护的法案》的规定，中埃航天技术及产品均可在埃及申请专利、注册商标，并且在知识产权

---

① 马秀山、金海军在《南非知识产权环境研究报告》中指出："从国际标准来看，南非的知识产权立法被认为是相当先进的。世界知识产权组织 LESSER（2001）将南非知识产权组织列为发展中国家的首位，所依据的指标是对 TRIPS 协议的遵守程度、PCT 的适用、专利制度的效率与成本等。"参见 Lesser，W.（2001），— The Effects of TRIPS – Mandated Intellectual Property Rights on Economic Activities in Developing Countries"，http：//www. wipo. int. 2021 – 2 –27 最后访问.

② 中国知识产权研究会《主要国别知识产权法规汇编及涉华案例库研究报告》，参见 http：//www. cnips. org/baogao/detail. asp？id = 785. 2021 – 4 – 1 最后访问.

③ The Industrial Property Act（No. 2 of 2014）Article 21. （2）Where the applicant's ordinary residence or principal place of business is outside Uganda，the applicant shall be represented by an advocate of the High Court of Uganda. Article 45 A patent，in respect of which Uganda is a designated state，granted by ARIPO by virtue of the Harere Protocol has the same effect in Uganda as a patent granted under this Act except where the registrar communicates to ARIPO，in respect of the application of the patent，a decision in accordance with the provisions of the Protocol that if a patent is granted by ARIPO，that patent shall have no effect in Uganda.

④ Law on The Protection of Intellectual Property Rights（No. 82 of 2002）Artice 4 Without prejudice to the international conventions in force in Egypt，any natural person or legal entity，Egyptian or foreign，belonging to，domiciled or active in a country or an entity that is a member of the World Trade Organisation or that applies reciprocity to Egypt，shall have the right to apply for a patent at the Egyptian Patent Office，and enjoy whatever rights derived therefrom，in conformity with the provisions of this Law.

领域享受最惠国待遇。由于埃及知识产权法明确规定国际知识产权条约在该国具有直接的法律效力，因此，通过 PCT 的申请亦可在该国获得专利授权与司法保护。

非洲国家在知识产权法律制度建设方面，往往直接借鉴西方国家的法律规定，因此立法比较先进[①]，许多非洲国家加入了多项国际知识产权保护公约或协定，成为世界知识产权组织的成员国[②]，通过直接适用或转化适用的方式将国际知识产权保护条约内容纳入本国法律规定，从而为中非航天贸易知识产权申请、授权提供了便利，并为中非航天贸易多边法律机制下的知识产权保护奠定了基础。[③]

3.2　中非航天贸易现有法律机制缺陷

中国是世界上最大的发展中国家，非洲则为发展中国家最为集中的大陆，中国与非洲国家间的航天贸易属于"南南合作"范畴。通过对中非航天贸易的现状进行分析，发现中非之间的航天贸易关系以平等互利、共建共享为特征，这是其与欧美对非航天贸易主要不同点，国际国内规制中非航天贸易法律机制存在诸多缺陷，主要表现为法律制度滞后于中非航天贸易的发展，国际航天立法博弈现实与中非平等互利航天关系存在根本区别，带来法律制度的适用困境，作为规范中非航天贸易的主要法律依据，中非双边贸易协定失之粗略，难以为中非航天贸易构建完整的法律保障机制。

3.2.1　国际航天贸易多边条约无法适应中非航天贸易特点

中非航天贸易的发展具有自身特殊性，其立足中非传统友好关系，同时面临欧美国家市场歧视，而发达国家与发展中国家巨大的利益分歧，导致现有航天国际立法虽设定有关于照顾发展中国家航天发展利益的条款，但是由于并未

---

① 洪永红. 当代非洲法律 [M]. 杭州：浙江人民出版社，2014：15.
② 埃及、南非、阿尔及利亚、尼日利亚、肯尼亚等多个国家加入了《保护工业产权巴黎公约》《商标国际注册马德里协定》《专利合作条约》等多项国际知识产权公约，41 个非洲国家加入了 TRIPS 协议。
③ 王晓. 中非科技合作的形势分析与政策建议 [J]. 中国科技论坛，2013（8）：143 – 145.

出台配套措施，甚至规定了诸多限制条款，因而难以为中非航天贸易的发展提供充分法律保障。

（1）中非航天贸易发展的特殊性

① 中非航天贸易立足中非传统友好关系

中华人民共和国成立以后，中非友好关系发展得到加速。政治上，中国大力支持非洲国家争取民族独立，维护发展中国家正当权益，中国也在非洲国家的支持下成功恢复在联合国的合法席位。经济上，中国大力开展对非援助工作，中国对非援助不附带任何条件，非洲国家在援助的具体领域和方式上具有自主选择权。[①] 援建项目的顺利实施也增进了中国与被援国家民间的友谊。[②] 中国与非洲国家建立了患难与共、真诚友好、平等互利、全面合作的"兄弟"般的国家情谊。2015 年 12 月中非合作论坛约翰内斯堡峰会成功举行，中国政府发布了《中国对非政策文件》，指出"当前，中非关系已经站在新的历史起点上。共同的发展任务、高度契合的战略利益、合作共赢的广阔前景，使中非人民更加坚定地并肩跨步前行。中国愿同非洲国家一道，在传承与发扬中非传统友好的基础上，建立和发展政治上平等互信、经济上合作共赢、文明上交流互鉴、安全上守望相助、国际事务中团结协作的全面战略合作伙伴关系，促进中非友好合作全面发展、共同发展"。[③] 持续长达半个多世纪的中非传统友好关系在新时期被不断赋予新的内涵，成为推动中非经贸合作持续发展的不竭动力，为中非航天贸易发展奠定了坚实的基础，同时中非航天贸易的开展亦是新时期对中非传统友好关系的传承与进一步发展。

从中国目前与尼日利亚、埃及、南非等国签订的航天合同来看，除了常规的航天产品贸易以外，中国还向上述非洲国家转移卫星制造与操作技术，并为非方提供技术人才技能培训。中国与非洲国家之间的航天贸易并非单纯的商业

---

① 余伟斌，刘雯. 1955 - 1965 年中国对非洲贸易研究 [J]. 当代中国史研究，2017（02）：85 - 94.

② 张泽忠，新时期中非经贸合作机制研究——基于国际经济法的视域 [M]. 上海：上海人民出版社，2013：76 - 81.

③ 参见 2015 年中国政府在南非约翰内斯堡发布的《中国对非政策文件》。

行为，双方之间的航天合作不仅多次得到各自领导人的批示和见证，体现了航天贸易对于发展中非友好关系、建设全面战略伙伴关系的重要助推作用，而且在合同项目的实施过程中真诚友好理念得到切实贯彻。2008 年由中国为尼日利亚发射的"尼星 1 号"卫星由于故障失效，双方短时间内就善后处理达成一致，续签"尼星 1R"合同，中方在不增加尼方成本的情况下，单方筹措资金为尼方另行研制发射"尼星 1R"卫星，尼日利亚高度赞赏中方危机处理方式，认为中国航天企业出色的科研能力和合同执行力提升了中国航天竞争力，目前，中尼双方就"尼星 1 号"商业化运营以及后续航天项目开展商洽。[①]

② 中非航天贸易面临欧美国家激烈竞争

非洲航天市场的快速增长和航天贸易合作愿望的高涨，吸引了世界其他航天国家积极开展对非航天贸易合作。[②] 当前，占据非洲航天贸易市场份额较多者，多为欧美国家航天企业，尤其是总部位于卢森堡的 Intelsat 公司、SES 公司、Eutelsat 卫星公司[③]，作为世界三大卫星运营商，拥有覆盖全球 90% 以上地区的庞大卫星网络，是全球领先的互联网宽带、电视广播、卫星通信服务提供商，已占据非洲航天贸易市场的大部分份额。尤其是特朗普上任以来，推动私营部门参与航天活动成为将来一段时期 NASA 的工作重点，并重新设立国家航天委员会，协调美国航天活动，制定航天政策。[④] 2017 年 3 月特朗普签署

---

① 尼日利亚通信技术部长奥莫博拉·约翰逊，对中国政府在卫星设计、建造和发射过程中的合作态度表示感谢。尼日利亚通信卫星公司总裁艾哈迈德·如法，对中方为尼方研制和发射"尼星 1R"接替失效的"尼星 1 号"的做法深表赞赏，认为这对尼中双方和非洲与中国的合作关系都是双赢。参见 http：//www.chinanews.com/gn/2011/12 - 20/3543648.shtml.2022 - 3 - 13 最后访问.

② 非洲本土卫星运营商埃及 Nilesat、尼日利亚通信卫星公司、南非新黎明（NEW DAWN）卫星公司、非洲区域卫星通信组织设立的 RascomStar - QAF 公司，这四家非洲卫星公司拥有 Nilesat101/102/201、Nigcomsat 1R、NewDawn 和 Rascom - QAFIR 多颗卫星，向非洲国家提供卫星通信、遥感、数据分发服务。此外，中东及亚洲众多的卫星运营商，如阿拉伯卫星通信组织、阿联酋卫星通信公司、以色列航天通信卫星公司、俄罗斯卫星通信公司、泰国卫星通信公司、香港亚洲广播卫星公司、亚洲卫星有限公司和亚太通信卫星有限公司，也基于其运营的在轨卫星意图加入或已经加入了非洲航天服务市场的角逐之中。参见谢丰奕.欧洲两大卫星运营商力拓非洲市场［J］.卫星电视与宽带多媒体，2012（12）：17 - 19.

③ 李东，何英.2014 年商业通信卫星市场综述［J］.中国航天，2015（05）：33 - 40.

④ 参见 http：//spacenews.com/president - to - sign - space - policy - directive - monday/.2022 - 3 - 19 最后访问.

《国家航空航天局过渡授权法案》明确表示将对航天活动持续给予充足经费支持。该法案的签署，酝酿着民用航天政策重大调整和变化①，适当放松航天贸易管控力度，促进航天贸易自由发展将成为美国航天政策调整的重要方向。② 欧美国家无论是在现有市场份额还是未来的市场竞争力方面都将占据优势。

相比欧美国家而言，中国在非洲航天市场的份额占比极为微弱，如在航天商业发射领域，欧洲国家占据了 35% 的市场份额，美国占有 34% 的市场份额，中国仅占 5% 左右的市场份额。③ 在包括航天贸易在内的高附加值贸易领域，欧美国家占据了非洲市场的大多数份额。④ 中非航天贸易起步较晚，中国航天活动长期处于计划经济管理体制下，在企业生产经营和行业发展上接受政府的调控，缺乏丰富的航天国际化和商业化经验，非洲国家则在与欧美国家长期的贸易往来中，在产品和技术上已经接受并习惯于西方国家的体系和标准。这种标准和体系的隔阂在卫星导航领域尤为明显，导致在贸易领域形成一种"技术或标准挟持"。

③ 中非航天贸易是中非参与世界航天治理的重要途径

随着非洲国家航天意识不断提高，互利性质的航天贸易对于非洲国家建设本国空间能力，加入世界航天探索"俱乐部"，参与世界航天治理，维护非洲国家作为航天后发国家的利益具有关键性作用。同为发展中国家、具备较为先进天技术的中国在参与世界航天治理的过程中与非洲国家面临同样的困境。中非双方在空间经贸合作领域全新的发展伙伴关系⑤，在世界航天治理领域共同的任务目标，促使中非双方通过航天合作打破发达国家空间治理"话语

---

① 佚名．特朗普政府太空政策初现端倪［J］．卫星与网络，2017（1）：69 - 69．特朗普已与 SpaceX 公司 CEO 埃隆·马斯克会面，商讨实施载人登陆火星计划，美国正重新评估其航天政策，政府寻求与商业空间企业合作，从而降低国家航天项目成本，通过商业模式实现国家航天目标。

② 曹秀云，张莉敏，李金钊，景木南．美国 2017 年《NASA 过渡授权法案》分析［J］．中国航天，2017（05）：36 - 39．

③ 参见航天器百科全书网 http：//claudelafleur. qc. ca/Commercial - launches. html. 2022 - 3 - 12 最后访问。

④ 美国卫星工业协会 2017 年报告．

⑤ 刘鸿武，卢凌宇．"中国梦"与"非洲梦"：中非命运共同体的建构［J］．西亚非洲，2013（06），19 - 32．

权"①,构建平等互利、共同发展、安全可持续的空间探索利用新秩序便具有了可能性,而航天贸易作为中非航天合作的主要形式,成为中非强化航天合作参与世界航天治理的重要途径。中非航天贸易不仅是中国与非洲国家经贸关系转型升级的重要组成部分,而且也是中国与非洲国家同为发展中国家,参与构建平等有序可持续的空间探索应用秩序的重要途径。随着中国"一带一路"倡议所推动之"中非十大合作计划"和"空间信息走廊"的落地实施,中非航天贸易将迎来快速增长的机遇期。中非航天贸易为合作型贸易关系,中国航天产品、技术和服务相比欧美国家而言具有较高的性价比,而且中国更愿意提供技术转让、人员培训等服务,而欧美国家对非贸易则为一种支配型关系,增加诸多附加条件。② 因此,中非航天贸易具有快速发展的外部有利因素。

(2) 多边条约滞后于中非航天贸易的发展

在国际法层面,现行国际贸易法及国际空间法并未制定有关航天贸易的法律条文,虽然其所制定的贸易自由化原则、平等互利原则成为中非航天贸易所应遵循的基本法律依据,但是由于国际法并未就国际范围内的航天贸易制定专门的法律规范,因此,在国际法层面未能为中非航天贸易构建起完善的法律保障机制。现有的国际贸易法基本法律文件制定于二十世纪九十年代,由于发达国家与发展中国家之间较大的利益冲突,立法更新速度慢,包括航天技术在内的高技术贸易由于具有敏感性而未能纳入其规范体系中。尽管《联合国技术贸易行动守则》对于国际技术转让具有一定指南性作用,但是该守则至今仍为草案,未能生效,并且作为软法对各国约束力较低。不仅法律层面缺乏明确规定,西方国家在航天贸易领域实施的出口管制和歧视性政策,对已建构起来的全球多边自由贸易体系发挥着消极的"解构"作用。

本质上而言,现有国际贸易法律体系为发达国家与发展中国家在全球贸易领域各自利益妥协的结果,中国与非洲国家都为发展中国家,两者之间的航天贸易属于"南南合作"的范畴,两者在航天贸易领域是一种平等互利、共同

---

① 袁武. 深化中非关系须加强话语权建设 [N]. 中国社会科学报, 2017 – 12 – 4 (007).
② 陆蓉. 合作型援助与支配型援助——冷战后中美两国对非援助政策的比较分析 [D]. 天津: 复旦大学, 2009.

发展的新型关系，这与国际贸易法体系下发达国家与发展中国家利益冲突的格局具有根本上的不同，因此，也就决定了现有国际贸易法在适用于中非航天时无所适从。航天贸易的自由化谈判既可以通过联合国有关外空活动的会议进行，也可以通过 WTO 会议机制进行，WTO 机制下作出的会议决议或制定的法规具有较为广泛的约束力，其现有争端解决机制也能为航天贸易自由化提供法律保障，但政府采购在中非航天贸易中占有大量比重，尤其是卫星服务采购领域，来自非洲国家的政府订单成为主要贸易形式，而政府采购作为各国在国际贸易领域的"自留地"并未纳入《服务贸易总协定》的适用范围。

形成于二十世纪六七十年代的国际空间法，主要立法目的在于遏制空间领域的对抗和冲突，为各国平等进入外空提供法律保障，寻求建立造福于全人类的空间探索和开发法律机制，其旨在建立有序的空间探索制度，而非促进国际航天的商业化。因此，目前蓬勃发展的航天贸易未被纳入其治理范围。尽管国际空间法条文中有关于开展航天合作，促进航天技术向发展中国家转移的表述，但是条文不仅数量少，规定过于原则，而且缺乏配套的制度方案，实施效果并不理想。中非航天贸易符合国际空间法有关照顾发展中国家空间利益，促进发展中国家空间技术发展的原则精神，但是空间法并未能提供明确的法律保障机制。现有航天探索与应用国际法律框架下，发达国家阻碍了非洲国家参与世界航天治理。

(3)"形式化"特殊条款无法实现航天贸易公平化

在欧美与非洲国家间的航天贸易合作中，非洲国家其实是作为一个接受者而参与其中，而非欧美航天强国的平等贸易合作伙伴，非洲国家被动接受来自这些航天强国的空间技术专业知识、资金、空间设备、管理及运营经验。这种欧美单方面的"卖方市场"并不利于建立公平的贸易关系，在航天贸易项目的政策制定与商业谈判过程中，航天强国占据优势地位，往往导致政策偏重维护欧美国家及其企业的利益，而非洲国家则难以发声，甚至利益主张无法实现。在某些情况下，欧美等航天国家会干预非洲贸易伙伴国家的国内空间立法或政策制定，非洲的航天立法已经滞后于其快速发展的航天活动，需要在航天立法和政策制定方面作出努力，但是欧美等国的干预不可避免地致使非洲国家的航天政策或立法带有他国利益的影子，而难以走出一条独立自主的航天发展之路。

　　基于维持竞争优势的策略，自二十世纪八十年代以来，欧美出台了大量促进航天商业化或商业航天的法律规范，构建了较为成熟的商业航天法律机制，对中非航天贸易的顺利开展形成政策歧视。美国先后制定了《商业航天发射法》《武器出口控制法》《国际武器贸易条例》《出口管理规章》等系列法规，以维持美国航天市场垄断地位。① 除国内法层面的歧视性规定外，西方国家的多边出口控制机制对中非航天贸易起到了又一消极作用。由美、英等国推动构建的常规武器和两用物品及技术出口管制体系（又称瓦森纳安排机制），协调西方国家在航天贸易领域采取统一的控制清单制度，安排机制具有浓厚的封闭性和集团性②，对于成员间的航天贸易各国无须通报其他成员国，而对于成员国与非成员国间的航天贸易则需要通报其他成员国进行审查，该出口控制安排长期以来排斥中国和非洲国家的加入，具有明显的针对发展中国家的特点，导致中非航天贸易项目在合作伙伴选择上掣肘重重。③ 中非航天贸易缺乏完善的法律保障，更未能有专门的配套措施应对欧美国家的空间竞争行为。

　　尽管现有涉及航天贸易的国际法规就推动向发展中国家空间技术转移、航天市场准入、照顾发展中国家外空利益作了初步规定，但是相关特殊条款并未能为中非航天贸易提供充分的保障，导致国际法有关航天贸易条款在推动建立公平贸易、推动技术转移方面面临诸多限制。中非航天贸易为"南南合作"范畴下高技术贸易，现有国际法有关航天贸易公平和照顾发展中国家利益的特殊条款流于形式，不能为中非航天贸易提供实质性的保护。如《服务贸易总协定》虽然认可发展中国家维持贸易平衡具有正当性，并在第 12 条中明确规定了发展中国家可以采取特殊的限制措施，但同时又通过贸易透明度和附件减让表限制修改制度，对发展中国家采取特殊措施设置了前提条件和操作程序上的障碍，从而造成特殊保护条款的"形式化"。《联合国国际技术转让行动守

---

　　① 薄守省，高国柱. 航空航天产品、技术与服务贸易法律问题研究［M］. 北京：法律出版社，2010（04）：190－221.

　　② 彭爽. 出口管制研究［D］. 武汉：武汉大学，2012.

　　③ National Research Council（U. S.）. Committee on Science, Security, and Prosperity. Beyond "fortress America": National Security Controls on Science and Technology in a Globalized World［M］. National Academies Press, 2009.

则》有关限制发达国家技术和市场垄断地位，照顾发展中国家技术发展利益的规定招致了发达国家的严重不满，导致《守则》至今尚未生效。① 中非航天贸易对接非洲国家航天产业发展需求，不仅相比欧美国家价格合理，而且积极满足非方技术转让、人才培养的需求，从而参与非洲国家航天能力建设，中非航天贸易以公平互利为前提，合同中并不设置限制条款阻碍非洲国家与欧美国家开展航天合作，中非航天贸易是外空国际合作的典范，但是《外空条约》有关外空国际合作、照顾发展中国家利益条款长期以来由于缺乏具体实施规定，未能得到有效实施。② 因此，突破欧美歧视政策，构建中非航天贸易保障机制成为当前中非航天贸易进一步发展亟待解决的问题。

3.2.2　中非航天贸易未纳入中非双边贸易协定

快速发展的经贸关系对中非间长效经贸法律机制的需求日益强烈③，在此背景下，中国与 45 个非洲国家签订了双边贸易协定，基本覆盖了中非贸易的所有国家，对于促进双方间贸易发展发挥了积极的作用。应该指出的是，现有双边贸易协定依然存在诸多不完善之处，规定过于简单粗略，缺乏有关航天贸易的规定，且长期未能更新，无法有效规制中非航天贸易。

（1）双边贸易协定序言未能阐明中非航天贸易的宗旨

序言是双边贸易协定不可缺少的部分，序言明确了双方的订约的背景、目的以及基本的权利义务原则，对于条约的解释具有重要的意义，《维也纳条约法公约》第 31 条规定"在解释条约时，应依其用语按其上下文并参照条约的目的及宗旨所具有之通常意义善意解释"。④ 尽管中国与非洲国家之间签订的双边贸易协定多达 45 项，但是贸易协定的序言部分却具有高度的相似性，70% 以上的贸易协定中其序言表述为"中华人民共和国政府和 xxx 共和国政府

---

① 邵景春.《国际技术转让行动守则》中的法律适用问题 [J]. 中外法学，1990（01）：32－37.

② 赵云. 外空可持续性发展的新视角和新途径：以中国外空合作为例 [J]. 国际法研究，2017（03）：60－70.

③ 参见中国国务院新闻办公室 2013 年发布的《中国与非洲的经贸合作》白皮书。

④ 朱伟东. 中非双边投资条约存在的问题及完善 [J]. 国际经济法学刊，2015（01）：149－168.

（以下简称"缔约双方"），为了增进两国政府和人民之间的友谊，在平等互利的基础上发展两国经贸合作关系，达成协议如下：……"①，这类序言的内容极其简单，缺乏实质性内容，难以表明协定订立的宗旨或目的，如若双方对协定具体条款的理解或执行产生分歧或纠纷，并不能通过对序言加以善意解释来明确具体条款的含义。

在 1995 年中国与马达加斯加政府签署的双边经贸协定中，第一次出现了"序言"字样并独立成篇，但并未对之后中非之间的贸易协定形成示范作用。1995 年中国和摩洛哥签订的贸易协定中，新增了"注意到发展两国经济和贸易关系存在有利条件"的表述，说明了协定签订的背景，但仍然没有指明双方的权利义务和经贸发展目标。中国与塞内加尔政府 2005 年签订的《中华人民共和国政府和塞内加尔共和国政府合作框架协议》，在序言部分不仅以较多的篇幅阐述了协议旨在加强两国友好关系，而且明确将互相尊重主权和平等精神纳入了协议序言，作为双方加强伙伴关系的法律基础。2006 年中国与加蓬签订的贸易协定，将《建立世界贸易组织协定》所确定的原则引入序言②，作为协定的上位法对其他规定起到统领作用，同时明确共同为贸易领域国际合作作出贡献。该协定序言将中国与加蓬之间的贸易合作置于国际贸易合作和法治的视野下，因而是中非所有贸易协定中最具时代特色的序言。

从上述分析可以看出中非双边贸易协定签订时间跨越了二三十年，但是协定之间依然保持极高的相似性，并没有随着时间的推移而增加新内容，近两年中国与非洲国家签订的双边贸易协定，与 1955 年中国与埃及签订的非洲首部双边贸易协定仍然存在高度重合的部分。"简单重复式"的贸易协定签订方式，仅将加强友好关系与平等互利作为双方经贸关系的基础，并不适应中非贸易全面发展、贸易结构转型升级的现实需求，更遑论对中非航天贸易起到规范

---

① 采用这种序言表述的协定，包括中国与埃及、尼日利亚、埃塞俄比亚、喀麦隆、阿尔及利亚、津巴布韦、纳米比亚、毛里塔尼亚尼日尔、南苏丹、中非、突尼斯、坦桑尼亚、肯尼亚、安哥拉等大多数非洲国家签订的双边协定。

② 2006 年 8 月 21 日签订《中华人民共和国政府和加蓬共和国政府贸易协定》，其前言规定："中华人民共和国政府与加蓬共和国政府（以下简称"双方"），希望进一步发展两国间友好关系；认为发展贸易往来有助于深化双边友好合作；双方根据 1994 年签订的《建立世界贸易组织协定》的原则，增强两国贸易关系并使之多样化；双方均希望加强相互间的交往，并共同为贸易领域国际间合作作出贡献；双方一致决定缔结贸易合作协定；达成协议如下：……"。

作用。

(2) 最惠国待遇条款适用于中非航天贸易时存在困境

当前，中非航天贸易对于法律保障的需求日益迫切，鉴于目前双方贸易协定中缺乏有关航天贸易的专门规定，航天贸易只能被视作普通贸易而被加以规制，导致现有规定在适用于航天贸易时存在诸多困境。关于最惠国待遇的规定是中非贸易协定中的重要内容，协定对该部分内容的规定相较于其他部分而言较为详细，规定在"有关货物进出口所征收的关税、费用方面以及征收关税、费用的方法和规章手续方面相互给予最惠国待遇"，并且规定了最惠国待遇不适用于边境贸易中给予邻国的优惠和共同市场或自由贸易区等经济组织下的优惠待遇，但是协定并没有明确最惠国待遇适用的税收和费用种类，也没有规定违反最惠国待遇条款的法律责任和权利救济。若能在最惠国待遇条款上作出明确规定，将能更有效地推动中非航天走向繁荣。

在中非双边贸易协定中有关最惠国待遇的条款一般存在两种规定，一种是"为了促进两国贸易发展，缔约双方同意在以下方面相互给予最惠国待遇；对进口、出口、转口、过境货物所征收的关税和其他费用；征收上述关税和费用的程序及办理海关手续；发放进出口许可证的手续"（尼日利亚、埃及、南非、埃塞俄比亚、毛里塔尼亚等国）。另一种是"为了促进两国贸易发展，缔约双方同意在商品进出口方面相互给予最惠国待遇"（摩洛哥、阿尔及利亚、突尼斯、纳米比亚等国）。两种规定与WTO多边贸易体制下有关最惠国待遇的规定基本保持一致。但是这两种有关最惠国待遇的规定在适用于中非航天贸易时都存在困境。

首先，两种规定均将最惠国待遇限定于双方货物贸易领域，而未将服务贸易、技术贸易等纳入最惠国待遇的适用对象，当前中非航天贸易已经从单纯的产品贸易拓展到技术人员培训、航天信息咨询、技术转让以及导航、遥感等卫星应用等领域，随着中国航天服务、技术能力的不断增强，以及参与非洲航天服务贸易市场的程度不断深化[1]，航天技术贸易和服务贸易将日益成为航天贸易的重要组成部分，而双边贸易协定将最惠国待遇严格地限定于"货物"领

---

[1] 胡键. 天缘政治与北斗外交 [J]. 社会科学, 2015 (7): 3-16.

域，致使无法通过条约的扩大解释将航天技术和服务贸易包含进去。

其次，两种类型的最惠国待遇条款均未能具体指明中非航天贸易最惠国待遇的种类，究竟为无条件最惠国待遇还是有条件最惠国待遇没有清晰界定，而与贸易协定密切相关的中非投资协定则对最惠国待遇做了较为明确的规定，如1994 年签订的《中华人民共和国政府和阿拉伯埃及共和国政府关于鼓励和相互保护投资协定》，以及 1997 年签订的《中华人民共和国政府和南非共和国政府关于互相鼓励和保护投资协定》均规定，"缔约一方的投资者在缔约另一方领域内的投资和与投资有关的活动应当受到公正和公平的待遇和保护。缔约一方在任何情况下均不得以不合理或歧视性措施损害缔约另一方的投资者对在其领域内投资所享有的管理、维护、使用、享有和处分的权利。第一款所称待遇和保护，不得低于缔约另一方给予任何第三国投资者的投资和与投资有关的活动的待遇和保护。"此类规定则明确在中非投资领域实行无条件的最惠国待遇，中非航天贸易应借鉴投资协定的做法作出类似规定。中非航天贸易立足于中非传统友好关系，现实贸易中中国在资金、技术、管理方面占有优势，在中非航天贸易中居于主动地位，非洲国家则处于弱势地位，采用无条件最惠国待遇不以非洲国家提供对等的经济交换为前提条件，更能照顾非洲国家的利益需求，有利于实现航天贸易中的实质公平。①

最后，上述有关最惠国待遇的第二种规定未能明确最惠国待遇的内容，正如前文所述，中非航天贸易是产品技术服务一体的综合性贸易，最惠国待遇的适用范围应从传统关税方面扩展到进出口限额、航运、过境、海关规章、许可证发放手续等方面。

在贸易纠纷解决方面，大多数现有双边贸易协定规定"缔约双方同意成立一个由双方政府部门代表组成的经济、贸易和技术合作混合委员会，负责监督本协定的执行，研究双方在贸易、经济、投资和技术领域内扩大合作的方法和途径，协商解决合作中可能产生的问题、纠纷"。因此，由双方共同组成的经贸联委会或混委会成为中非贸易纠纷解决的第一道方案，但是联委会成员为政府官员，有些双边协定则甚至未明确联委会组成成员，中非航天贸易并非纯粹的官方贸易，当前国有航天企业为双方贸易中的主体，随着中国航天商业化

---

① 刘笋. 对 GATS 主要缺陷的剖析 [J]. 法学评论，2001（1）：92 – 97.

的进展不断推进，将有越来越多的私营主体参与到航天贸易中来，尤其是卫星应用领域，这种趋势更为明显，因此，需要对官方性质的联委会进行改造，在其成员构成中吸纳来自工业产业界的代表，并且应该规定纠纷解决过程中知情人员保守商业秘密的义务，以适应航天贸易高技术的特点。

（3）中非航天贸易仍未纳入双边协定调整范围

随着中非产能合作、"一带一路"空间信息走廊建设在非洲的推进实施，大型成套设备的进出口成为中非贸易的新亮点，出口机电设备的价值也不断增加，尤其是 2017 年上半年中国对非航空航天器材出口增幅达 252%。[①] 越来越多的非洲国家表现出与中国开展航天经贸合作的兴趣[②]，除了航天基础设施建设外，中国企业也通过企业联合、国际并购、参与持股等途径进入非洲卫星服务市场。2016 年中国卫星通信领域上市公司信威集团收购以色列空间通信公司 100% 股份，此举不仅使中国企业获得空间高价值稀缺轨位资源，同时也将该公司卫星通信服务扩展至非洲、中东等卫星通信需求增长较快的区域，并且辐射"一带一路"沿途广大区域。[③] 2017 年 12 月中国进出口银行与尼日利亚签署合同，向尼日利亚提供 5.5 亿美元资金建造两颗通信卫星，并获得尼日利亚通信卫星公司部分股权。[④]

中国与非洲国家之间稳步发展的航天贸易需要为之构建一套完善的法律保障机制，但是目前中国与非洲国家签订的双边经贸协定并没有将航天贸易的相关内容纳入其中。对中非 45 个双边贸易协定进行分析后发现，协定关于贸易范围的规定分为三类，第一类是仅规定产品（货物）贸易，而未将技术贸易

---

① 参见商务部网站 http://www.mofcom.gov.cn/article/tongjiziliao/fuwzn/swfalv/201708/2017080 2620381.shtml. 2021 - 9 - 12 最后访问.

② 谢丰奕. 刚果（金）一号等多项卫星合同签订 [J]. 卫星电视与宽带多媒体，2012 (23)：17 - 19.

③ 空间通信公司是一家全球知名的卫星运营商，也是以色列唯一一家卫星运营商。公司在以色列注册，并于特拉维夫证券交易所上市，在全球市场范围内提供卫星通信服务，服务领域涵盖欧洲、中东、非洲和亚洲。信威集团一直致力于成为覆盖全球的天地一体综合信息服务提供商，此次收购以色列卫星运营公司，将有利于信威集团加快推进"空天信息网络"战略，建成基于卫星通信及地面通信相结合的天地网络融合，为全球太空互联网系统建设运营创造有利条件。

④ 参见商务部网站 http://www.mofcom.gov.cn/article/i/jyjl/k/201712/20171202679420.shtml. 2022 - 3 - 1 最后访问.

和服务贸易纳入其中，这些贸易协定包括中国与坦桑尼亚1965年签订并于当年生效的《中华人民共和国政府和坦桑尼亚联合共和国政府贸易协定》、中国与阿尔及利亚1999年重新签订并已生效的《中华人民共和国政府和阿尔及利亚民主人民共和国政府贸易合作协定》等几部贸易协定，其中中国与阿尔及利亚签订的双边贸易协定规定，"本协定涉及的合作为商品贸易交换。用于交换的商品是两国各自可供出口的所有商品"，据此，航天贸易中仅有产品贸易被纳入其中，航天技术贸易和服务贸易并未被纳入。而中国与坦桑尼亚签订的贸易协定则全文未出现"技术"或"服务"字样，该协定主要目的在于规范双方在货物进出口、过境关税和费用方面互相给予最惠国待遇，在协定后所附必须给予进出口许可证的货物名录中也未有"航天产品"。第二类是仅规定了产品和服务贸易，这包括中国与摩洛哥、喀麦隆、埃及、中非、尼日利亚、突尼斯、尼日尔、毛里塔尼亚等国签订的贸易协定，此类贸易协定均在第1条或第2条即明确规定了协定所指经贸合作包括两国间的商品和服务贸易，其中中国与喀麦隆、中非、尼日尔等国签订的贸易协定中将服务贸易限定为"指与商品贸易直接有关的运输、过境、保险、支付等业务"。而将WTO所规定之服务贸易概念大大缩减，据该规定中非航天贸易中的咨询服务、技术维护、培训服务等并不属其范畴。第三类是将商品、服务、技术贸易均纳入了经贸合作的范畴，这类协定包括中国与津巴布韦、埃塞俄比亚、南苏丹、塞内加尔、纳米比亚等国签订的贸易协定，但对于服务贸易和技术贸易并未作出明确的界定，仅笼统的规定为"人力资源培训或技术发展项目"。

从上述分析可知，中国虽然与广大非洲国家签订了双边贸易协定，但是并没有明确将航天贸易纳入其中，也许单独将航天贸易作为具体的贸易种类在协定中予以明确似乎过于突兀，但是就一般技术贸易与服务贸易而言，中非间现有双边贸易协定要么存在立法空白，要么仅做笼统表述。

近半个世纪的时间跨度，45部双边贸易协定均保持大致相同的体例安排、内容设定，尤其是有关经贸合作的范围并未呼应中非双方不断深入发展、转型升级的现实需求，技术贸易与服务贸易的定义或具体种类未能予以明确规定，更谈不上就航天贸易专门作出规定。造成这一缺陷主要存在三方面的原因，一是中非航天贸易尚未发展成为规模级的贸易现象。尽管近些年来中国与一些非洲国家开展了卫星在轨交付、地面设备建造、人员培训、卫星通信服务等形式的贸易合作，但是贸易额与欧美国家对非航天贸易额相比仍有较大差距，而且在中非贸易总量中所占比重不足 5%。航天贸易中，中国目前仅与尼日利亚、阿尔及利亚、南非、埃及、刚果（金）等国开展了航天贸易活动，贸易伙伴覆盖范围较窄，非洲贸易伙伴的数量有待进一步增加；二是中非贸易态势中中国占有优势地位，修订协定的动力不足。尽管这些年来中非贸易实施转型升级，非洲对中国出口额有所增加，但是中国在产品、技术和服务输出方面占有优势地位这一基本格局尚未打破①，尤其是在航天贸易领域，主要为中国单向对非出口。中非贸易协定存在的诸多立法空白和不完善之处，致使中非航天贸易处于一种近乎无法可依的"自由"状态，而这种"自由"状态对于贸易格局中占优势地位的中国而言更为有利，因此导致中国修约动力不强；三是协定的"惯性"使然。任何法律都具有一定的稳定性、继承性，姑且称之为"惯性"，中非贸易协定的签订历史由来已久，大量的协定签订于二十世纪八九十年代，主要规定关税和费用方面的最惠国待遇问题，彼时中国航天尚未正式进入非洲市场，自然也就缺位于协定内容，大量的贸易协定便沿袭之前文本的惯性，未对航天贸易的规范需求作出回应。

（4）双边贸易协定的有效期不符合中非航天贸易合同的实际需求

中非双边贸易协定一般篇幅较小，仅数条或者十几条法律条文，却规定了合作范围、最惠国待遇、免税商品种类、贸易促进机构、纠纷或分歧解决以及效力条款。因此，对于每一部分的内容难以做到详尽明确。如协定以明示列举的方式规定了有关贸易、经济和技术合作的范围或种类，一般将经贸合作种类规定为四款，并且粗略的规定为商品和服务贸易、兴办经贸发展项目、互相投资以及合作项目技术人员的派遣，至于哪类项目是合作项目，政府间合作项目和民间合作项目是否都包含在内，协定并没有明确予以规定，而且列举的方式具有先天的局限性，难免遗漏其他贸易种类。

中非贸易协定规定成立由双方政府指定的政府部分代表组成的经贸联委会或混委会，但是协定没有进一步规定联委会或混委会成员的任职要求和工作纪律，也没有明确会议召开的具体时间、会议召开的程序以及会议表决程序等问

---

① 孙伟. 新世纪中非经济合作的发展与变化［J］. 国际经济合作，2014（9）：36－39.

题。双边贸易协定还规定了 "本协定自缔约双方相互通知已完成各自国内有
关协定生效的法律要求之日起生效, 有效期为 3 年。在期满前 3 个月, 若缔约
任何一方未以书面形式通知另一方要求终止本协定, 则本协定有效期将自动延
长 3 年, 并依此法顺延"。据此, 满足时间要求的通知能够导致协定的失效,
缔约方的通知行为是一种单方面积极的作为权利, 不需缔约另一方的同意即可
发生使协定失效的效力, 但是对于如此重要的内容, 协定没有详细规定通知的
对象, 是缔约另一方政府当局还是其经贸联委会代表? 协定没有给予明确规
定。协定失效的时间是自通知到达之日起算, 还是一经通知即发生协定失效效
力, 亦缺乏规定。中非双边贸易协定的有效期最短者为 1 年, 最长者为 5 年,
而中非航天贸易合同的实施往往需要 3 年以上时间, 尤其是在轨交钥匙形式的
卫星贸易, 由于涉及卫星设计、制造、发射、监控等诸多环节, 任一环节的实
施都具有高技术、高风险性, 技术攻关、研发计划修改、发射窗口调整都极易
带来时间上的推迟, 即使因为产品交付或项目建设完成而导致合同终止, 但是
航天项目的后期技术支持与服务, 却仍将持续相当长一段时间。因此, 双边贸
易协定的有效期并不适应航天合同的实际需求, 尽管协定规定 "对于在本协
定有效期内签订的议定书和合同, 超过有效期尚未执行完毕的, 本协定条款继
续适用"[①], 但是缺乏有关新旧协定效力衔接的详细规定。

中非双边贸易协定中的通知失效规定, 类似于合同法上的形成权, 对于协
定的效力具有重大影响, 应该通过法律条款作出详尽的规定。双边贸易协定过
于粗略简单的规定, 使其对于中非之间包括航天贸易在内的各种经贸合作的规
范作用大打折扣, 甚至带来了潜在的法律争端风险。

3.2.3　现有国内航天法规缺乏有关中非航天贸易直接规定

基于航天科技的大国地位象征意义和其对经济技术拉动作用, 越来越多的
非洲国家投身航天探索和应用大潮中, 除南非、尼日利亚、埃及等非洲航天先
行国家以外, 乌干达、肯尼亚、埃塞俄比亚、刚果 (金) 等国也在国家政策
计划中对航天活动产生了浓厚的兴趣。中非航天贸易以中非传统友好关系为基
础, 对接非洲国家航天产业发展需求。中国航天不仅技术先进, 价格适中, 而

---

① 《中华人民共和国政府和埃塞俄比亚联邦民主共和国政府贸易、经济和技术合作协定》第8 条。

且合同执行效率高①，贸易开展不附带任何政治条件，并能提供从产品研制、发射服务到技术服务支持、人才培养的一揽子航天解决方案。尤其是近年来提出的"天基丝路"倡议和"一带一路"空间信息走廊建设，明确提出要通过沿途各国共商共建共享的合作形式，为"一带一路"倡议提供空间信息服务，标志着中非航天贸易进入共建共享阶段，有利于非洲国家快速提高空间自主能力。而欧美航天出口，由于成本较高和完全市场化的经营模式，导致出口价格高昂，而且高端技术的"泛政治化"和严格的出口管制措施，导致欧美国家的对非航天贸易往往附加有诸多不合理条件，如人权保护、政府透明度等要求。② 因此，越来越多的非洲国家表达了加强与中国在航天经贸领域合作的意愿，2017 年中非航空航天产品贸易增长率超过 250%，中非航天贸易进入快速发展时期。与中国开展航天贸易合作成为非洲国家寻求建立本国航天产业的重要途径。

虽然中非航天贸易对于中国航天参与国际市场竞争，推动建立公平合理航天贸易规制体系具有重要意义，但航天立法并未获得相应的重要地位③，中国航天长期以来缺乏一部系统的高位阶的航天法，更遑论构建起完善的法律保障机制。航天立法长期停滞不前难以为进入发展机遇期的中非航天贸易提供完善的法律保障。

（1）一般性贸易立法缺乏航天贸易具体规定

规范中非航天贸易的法律渊源，最早可追溯至 1994 年全国人大制定的《对外贸易法》，该法在立法位阶上属于"法律"范畴，是对外贸易领域的基础性法律规范。其所制定的有关贸易分类、贸易进出口许可证管理规定以及贸

---

① 尼日利亚卫星从项目启动到交付用户的时间只有 26 个月，这么短的研制周期在国际上也是很少见的（国际上同类商业通信卫星交付周期一般都在 30 个月左右）。根据合同规定，卫星总价的 10% 为预赔款，中方在卫星研制中出现进度推迟或性能不符合指标现象，尼方随时可以进行罚款。合同还规定，节点未按时完成且未能在 30 天内纠正，或项目累计推迟 140 天以上，尼方有权终止合同，中方退还全部已支付款项。参见 http：//file. spacechina. com/n25/n144/n206/n214/c51610/content. html. 2022 - 2 - 12 最后访问。

② Uche Ofodile. Trade, Aid and Human Rights：China's Africa Policy in Perspective [J]. Journal of International Commercial Law and Technology. Vol. 4, Issue 2 (2009).

③ 张振军. 关于法治航天建设的再思考 [J]. 北京理工大学学报（社会科学版），2014（5）：120 - 128.

易保护与救济的规定，成为中非航天贸易立法所遵循的基本原则，尤其是其在对外贸易经营者资质上，从以往的核准制转向备案登记制，对外贸易经营的开放程度得到提高，适应了对外贸易国际化、私营化的发展需求。然而《对外贸易法》同时规定"国家可以对部分货物的进出口实行国有贸易管理。实行国有贸易管理货物的进出口业务只能由经授权的企业经营"。中非航天贸易涉及尖端航天技术及产品的出口，属于国家出口管制的贸易种类，根据《对外贸易法》该条规定，中国在航天贸易领域实行国有贸易管理，目前为止，尚只有长城工业集团公司获得授权从事航天贸易业务。中非航天贸易对于中国航天开拓国际市场、参与国际竞争的重要性无须赘言，航天贸易经营者资格的放开对于促进航天商业化、激活企业参与航天的积极性无疑具有重要作用。此外《对外贸易法》还规定国家可以基于国家安全、社会公共利益以及所缔结或参加的国际条约、协定限制或禁止有关货物和技术的进出口，然而其并未详细规定货物或技术的种类和范围，航天贸易是否属于限制或禁止之列尚不明确，其将制定和调整限制或禁止货物和技术目录的职权交由国务院相关部委，并不利于制定全面协调的限制或禁止货物和技术目录。对于规范中非航天贸易而言，《对外贸易法》失之过于宽泛，实际上《对外贸易法》并非规制中非航天贸易的专门立法。

（2）低位阶专门规章不适应中非航天贸易发展趋势

目前，我国尚未制定专门规制中非航天贸易的法律法规或部门规章，中非航天贸易的有关法律问题的规制更多散见于国务院有关主管部门的规章和规范性文件中。[①] 不仅效力层级低而且存在诸多立法空白。《空间物体登记管理办法》在其第5条规定"国防科学技术工业委员会（以下简称国防科工委）负责空间物体的国内登记管理工作，日常事务由国防科工委国际合作司负责。涉及其他共同发射国的国内登记，必要时由国防科工委商外交部确定登记者"。由此可以看出《空间物体登记管理办法》主要解决国内登记的问题，虽然其规定该法适用于"我国作为共同发射国在境外发射的空间物体"的登记工作，并规定了空间物体的登记内容包括"登记编号、登记者、空间物体所有者、

---

① 谷英喜. 中国航天法律制度研究 [D]. 北京：中国政法大学，2011.

空间物体名称、空间物体的发射及入轨情况等"，但是显然该法未能明确中国作为共同发射国进行国内登记的主体、程序、内容等要求。① 随着中非航天贸易形式的不断创新，中国参与非洲航天市场中若作为共同发射国在境外协助发射空间物体，则在登记内容的获取方面势必具有自身特性，而难以适用上述规定。

对于国内登记主体的确定，《空间物体登记管理办法》规定由两种情况，一是"在我国境内发射的空间物体的所有者为其他国家政府、法人、其他组织或自然人时，应由承担国际商业发射服务的公司进行国内登记"。二是除第一种情况外"空间物体应由空间物体的所有者进行国内登记，有多个所有者的空间物体由该物体的主要所有者代表全体所有者进行登记"。考虑到中国商业航天的发展趋势，并参考到欧美航天强国航天贸易形式，将来在中非航天贸易中极有可能出现，中国作为共同发射国（目前国际空间法关于"发射国"的定义极为模糊，任何"促使发射"的国家都视作发射国）协助非洲国家发射空间物体，而不论该发射场位于非洲国家或者其他国家，此种情况下空间物体的所有者为非洲国家、自然人、法人或其他组织，依据《空间物体登记管理办法》进行中国国内登记的可行性势必大打折扣。

《民用航天发射项目许可证管理暂行办法》作为中国航天领域的又一部重要规章，在适用于中非航天贸易之时依然存在诸多困境。该法侧重于加强国家对于中国境内以及中国自然人、法人以及其他组织境外空间活动的行政管控，并非为促进航天商业化的配套规章。其第 2 条规定"本办法所称民用航天发射项目是指非军事用途，在中国境内的卫星等航天器进入外层空间的行为，以及中华人民共和国自然人、法人或其他组织已拥有产权的或者通过在轨交付方式拥有产权的卫星等航天器在中国境外进入外层空间的行为"。据此规定，中国为非洲国家提供的商业发射服务，适用本法有关规定需要取得发射许可证，但其并未详细规定航天贸易中商业发射项目许可证的申请和审批程序。而中国通

---

① Convention on Registration of Objects Launched into Outer Space. Article I. For the purposes of this Convention: (a) The term "launching State" means: (i) a State which launches or procures the launching of a space object; (ii) a State from whose territory or facility a space object is launched; (b) The term "space object" includes component parts of a space object as well as its launch vehicle and parts thereof; (c) The term "State of registry" means a launching State on whose registry a space object is carried in accordance with article II.

过各种形式参与非洲国家拥有所有权的卫星或其他航天器的境外发射项目则处于无法可依的境地。

在涉外发射项目企业资质上，《民用航天发射项目许可证管理暂行办法》规定了"政府指定制"，非经指定不得从事涉外发射项目，这一规定与降低商业航天参与门槛，鼓励私营主体参与航天贸易的发展潮流相去甚远，并且该法关于"涉外项目的合同必须经国防科工委批准后方能生效"。不仅违背商业领域"契约自由"的基本精神，而且违背其上位法《民法典》关于合同生效的规定，即"依法成立的合同，自成立时生效。法律、行政法规规定应当办理批准、登记等手续生效的，依照其规定"。[①] 根据该条规定，只有"法律或行政法规"方能对合同生效作出额外规定，否则合同一律自成立时生效，显然《民用航天发射项目许可证管理暂行办法》作为部门规章无权规定涉外发射项目合同自批准时生效。该法有关许可证申请复查的规定亦存在不合理之处，其规定许可证申请人对审查结论持有不同意见的，可以向国防科工委申请复查，以作为对申请人正当权利的救济，但并未明确审查复查的提出时间以及复查结论作出的时限，航天商业发射合同对于项目进展的各个时间节点均有明确规定，法规上的时间漏洞带来潜在的违约风险。

---

① 参见《中华人民共和国合同法》第44条。

第4章 健全中非航天贸易现有
国际协定的法律机制

国际协定（条约）机制是当前国际法适用最为广泛的机制，也是国际法最重要的渊源，《国际法院规约》第38条对国际法渊源的规定中，首先便提及国际协定，即"不论普通或特别国际协约，确立诉讼当事国明白承认之规条者"。国际协定如此重要的原因在于，协定机制作为一类成文性的规定，在为人们提供法律规范的可预期性方面是最为优越的，正如一项古老的习惯法规则所述的：条约必须遵守（Pacta Sunt Servanda）。"条约必须遵守"是古罗马法对于契约精神的高度凝结，协定机制作为国家间的契约，强调凡是有效的协定对其各当事国有拘束力，必须由各国善意履行。尤其考虑到当前全球航天贸易市场的非自由化特征，欲要实现中非航天贸易的长久稳定合作，势必需要协定机制对中非双方在航天贸易中的可期待利益予以保障，在纷繁复杂的国际航天治理格局中建立扎实的法律合作根基。

中国与非洲国家间现有的贸易协定机制并非专为航天贸易而制定，因此，在适用于中非航天贸易时产生了诸多的问题，完善中非航天贸易首先应该明确协定法律机制的原则，将中非传统友好关系一直以来所坚持的平等互利原则明确为基本原则，同时适应中非航天贸易发展的形势，将共建共享理念和航天领域国家干预原则作为基本原则予以规定。除基本原则外，还需弥补现行协定形式贸易规范的空白，增加有关中非航天贸易的条款。

4.1　明确航天贸易国际协定应遵循的原则

中非航天贸易条约法律机制需要坚持平等互利原则，中非航天贸易以非洲国家实际需求为导向，将非洲国家纳入航天贸易的实施过程中，坚持共建共享原则，提高非洲国家的航天经验和航天能力建设，同时，鉴于航天贸易的高敏感性特点，亦应坚持国家干预原则，强化双方政府对于航天贸易的引导和推动作用。

4.1.1　平等互利原则

平等互利原则是规范国家间国际交往的国际法基本原则，其内涵为在国际交往中，国家不分大小强弱，不论政治制度与社会经济发展水平如何，都应尊重对方的主权与利益，并在交往中朝着有利于彼此社会和经济发展的方向前进。平等互利原则是为适应近现代民族国家在国际交往中保持主权独立的需求而产生的，乃是维持"无政府"状态下国家间交往正常秩序的核心原则。中华人民共和国成立初期毛泽东、周恩来等老一辈领导人不断重申在平等互利原则基础上与一切国家发展外交关系，推动平等互利原则成为各国普遍接受的规范国家间交往的基本原则。中国明确将平等互利原则确立为中国发展对非关系的基本原则，并将之从政治领域扩展适用于经济领域，1994 年中国制定的《对外贸易法》明确规定"中华人民共和国根据平等互利的原则，促进和发展同其他国家和地区的贸易关系，缔结或者参加关税同盟协定、自由贸易区协定等区域经济贸易协定，参加区域经济组织"。从而奠定了中非航天贸易所应长期遵循的法律原则基础，此后无论中国对非交往政策如何调整，都延续了以平等、互利为核心的理念。①

平等互利原则适用于中非航天贸易协定机制的根本在于，其所强调的平等并非孤立的平等，而是一种相互交往过程中的平等，更确切地说即是互利合作中的平等。形式上的平等不一定是互利的，而只有互利的平等才是真正的平

---

① 参见人民网 http://world.people.com.cn/n/2015/1208/c1002‒27898228.html. 2022‒2‒11 最后访问.

等。中非航天贸易重视合作，也必然要重视合作基础上的法律框架搭建，自然也应当着力于将平等互利原则视为法律框架建构的根基，将此种建立紧密关联的一般性原则引入航天贸易领域。中非航天贸易国际协定法律机制的完善应坚持平等互利原则，在航天贸易活动中坚持平等对话、平等协商，摒弃欧美国家对非航天贸易采取的"泛政治化"政策所带来的诸多政治附加条件和技术封锁措施，中非航天贸易应该对接非洲国家航天战略规划，并坚持将航天贸易与政治相分离，双方航天贸易不附加任何政治条件。① 促进双方在航天产能上的合作，弱化航天强国与航天弱国之间的地位对立，避免踏入零和博弈的陷阱之中。② 坚持平等互利原则，需充分保障非洲国家参与完善双边法律机制过程的权益，国际协定法律机制的构建须立足于非洲国家航天需求，以推动非洲工业化和农业现代化进程，在非洲区域问题治理中发挥作用。中非航天贸易国际协定法律机制的构建需要在平等的基础上，促进中国航天"走出去"战略与非洲航天能力建设相对接，从而实现互利共赢。

4.1.2 共建共享原则

国际法制度的正当性一方面来自其功能意义上的正当性，即国际法的目标宗旨应当追求善良价值，另一方面则来自民主意义上的正当性，即国际法规则的制定应当由相关国家共同参与、共同协商，协定机制也不例外。协定机制的民主性最为精炼的表达即"共治"，由此衍生出共建、共享等诸多内涵。

共建共享理念不仅是中国在新时代所确立的新发展理念，也是中国参与全球治理所提供的"中国智慧"。中国共产党第十八届五中全会提出"创新、协调、绿色、开放、共享"五大发展理念，共享是贯穿其中的一根主线，是五大发展理念的着眼点、出发点和落脚点，也是发展的目标，解决的是发展为了谁的问题。③ 树立共建共享发展理念，有利于激发全社会参与国家社会经济建

---

① 陈积敏. 国际政治格局变化与中非关系：挑战与应对 [J]. 和平与发展，2014（3）：30 - 44.

② 西方国家与非洲之间发展了几十年的援助者与受援者"主仆式"关系，附加各种民主、良政、人权等政治条件的财政援助制度，长期遭到非洲国家的强烈批评和反对。张泽忠. 新时期中非经贸合作机制研究：基于国际经济法的视域 [M]. 上海：上海人民出版社，2013：206.

③ 参见求是网 http://www.qstheory.cn/wp/2015 - 12/05/c_ 1117366982.htm. 2022 - 3 - 3 最后访问.

设，并促进发展成果的公平合理分配。共建共享理念不仅上升为国家发展的战略性指导原则，随着中国"一带一路"倡议的推进，共建共享理念成为中国推动国际合作、参与全球治理的重要指导思想。2015年中国国家发展改革委、外交部、商务部多部门联合发布了《推动共建丝绸之路经济带和21世纪海上丝绸之路的愿景与行动》，明确指出"一带一路"以共商、共建、共享为原则，以开放包容为特征，以互利共赢为追求。① 中国已经与沿线40多个国家签署了共建"一带一路"政府间协议，与非盟、东盟、中东欧等区域组织的多边合作取得显著成效，"一带一路"建设已经形成各国共商共建共享的合作局面。②

第71届联合国大会通过的"联合国与全球经济治理"决议，要求各方本着"共商、共建、共享"原则改善全球经济治理。③ 这意味着共商共建共享原则不仅成为中国新时期推动国际合作的基本原则，也为世界各国所共同接受而成为改善全球治理的指导原则。④ 非洲作为中国"一带一路"建设的重要节点和方向，完善中非航天贸易国际协定法律机制，必须坚持共商共建共享原则，共同协商确定航天贸易的内容形式、制度规范，充分发挥协商机制在协定签署、适用以及纠纷解决方面的作用。

当前中非航天贸易协定法律机制可以规定，根据非方要求，中国参与非洲国家航天产业规划，为非洲国家航天能力建设提供技术咨询服务，并培育航天

---

① 王家瑞．共商共建共享"一带一路"推动合作共赢新格局 [J]．人民论坛，2015 (28)：43.

② 参见中国人民大学"一带一路"建设进展课题组．"一带一路"建设三周年进展报告 [EB/OL]．http：//theory. people. com. cn/n1/2016/1109/c83865 - 28847339 - 3. html. 2022 - 3 - 4 最后访问.

③ 参见新民网 http：//newsxmwb. xinmin. cn/world/2017/09/14/31280913. html. 2022 - 3 - 5 最后访问.

④ 共商共建共享原则的基本内涵，即"共商"就是中国同国际社会对全球治理的基本原则、重点领域、组织机制、发展方向等的共同认识、辨析、判断。为此，我们需要打破西方对商议主体和客体的垄断，不断深化和推进全球治理。对于广大发展中国家来说，共商全球治理不能停留在道义和原则之上。中国和广大发展中国家需要列出自己的清单，不仅需要向世界表明"不要什么"，更要说清楚"要什么"和"为什么"。"共建"就是中国同国际社会在全球治理方面的共同建设和创新。当前阶段，中国和国际社会"共建"全球治理的重点应是组织机制、重点议题、道义道德和思想理论等。为此，需要处理好三对关系：在"新"和"旧"方面，在循序渐进基础上推陈出新；在"南"和"北"方面，倡导南南合作和南北对话；在"内"和"外"方面，强调内外联动和统筹。"共享"就是通过制度性重新安排而使全球治理更加公正合理。参见杨洁勉．全球治理的中国智慧：共商共建共享 [N]．光明日报，2016 - 06 - 16 (016).

市场，同时便利贸易流通，降低物流成本，协定应适应中非航天贸易形式不断丰富的发展趋势，将中非双方合作共同研究开发航天技术、建设航天设施设备、经营卫星应用产业纳入协定考量范围，并将中非航天贸易纳入"一带一路"空间信息走廊建设，推动非洲国家参与空间信息走廊法律机制建设。此外坚持共建共享原则，中国与非洲国家航天贸易双边法律机制需破除仅规定政府间航天贸易或援助的不合理规定，吸纳航天工业产业界参与航天贸易机制构建，将协定规制范围扩大到包括私营航天企业在内的所有航天贸易类型，构建"政府－企业"良性互动的航天贸易体系，真正实现多元主体参与的共建共享航天贸易机制。①

4.1.3　国家干预原则

国家干预原则是完善中非航天贸易国际协定法律机制亦应遵循的基本原则。国家干预以凯恩斯主义为理论基础，指为克服市场失灵，国家运用宏观调控或管制的手段规范市场主体行为，从而纠正市场缺陷所带来的不利影响，国家干预旨在优化国家经济结构，保持经济稳定增长。在市场经济条件下，市场在资源配置中起决定性作用，但是在特殊行业、特殊领域，市场存在盲目性，需要施以国家干预。从哈耶克的观点出发，人类的制度构建包括法律制度乃是一种自生自发的秩序，人类无法通过理性取得对社会制度的良好建构，哈耶克的经验主义式观点放在贸易环境下即在于强调市场自主调节的重要性，是为资本主义的市场理论背书的经典表述，然而市场失灵及国家干预的有效性已经在这个问题上给出结论。当然从更广泛的意义上来说，我们甚至可以将国家干预视为人类社会经验的一部分，而非理性建构的结果。

中非航天贸易具有高技术、高投入、高风险、高敏感性等特殊性，私营主体参与航天贸易不仅面临技术、资金、人才等方面的难题，而且由于个体的实力限制难以应对各类风险。非洲国家经济发展水平普遍不高，支付能力有限，难以承担巨额航天支出，中方企业的合同收入往往依赖中方政策性金融机构向非方提供的优惠性质贷款，而且还面临来自非洲国家政局和财政收入稳定性方面的不确定因素，中非航天贸易不是单纯的产品贸易，往往涉及技术转移、人

---

① 马长山. 法治中国建设的"共建共享"路径与策略 [J]. 中国法学，2016 (06)：5–23.

员培训、地面配套设施建设、资金支撑等一系列内容，因此可以说中非航天贸易是一个系统工程。

对于中非航天贸易的上述诸多特点，在完善中非航天贸易双边法律机制的过程中，应坚持国家干预原则，建立项目审理机制，双方应避免航天敏感技术泄露、保护核心专利成果，并通过政策扶持、税收优惠、融资支持等措施，引领航天企业参与中非航天贸易，并为之创造安全、便利的贸易条件。为避免国家干预的不当适用给贸易活动带来破坏，航天贸易法律制度可以建立国家干预的评估机制，以在国家管制与贸易自由间寻求适当的平衡，为此需明确国家干预的行使程序，建立听证制度，赋予双方贸易当事人发表诉求的权利。[1] 对于中非航天贸易中诸多特殊性以及不确定因素而言，坚持国家干预原则具有重要的意义，不仅能在制度规范初建阶段维护双方的重大利益，同时也有利于确保中非双方航天贸易循着正确的方向发展。此外，坚持国家干预原则，也是中非双方履行国际义务、展现负责任空间活动参与者形象所必需的，无论是国际空间法，还是多边出口控制条约，都规定了国家在空间活动中应该履行监管职责，中国与大多数非洲国家同为国际空间法条约签署国，坚持国家干预原则是履行国际法义务的重要保障。[2]

4.2 深化中非航天贸易双边协定的内容

增补中非航天贸易双边条款的主要内容可以通过两种途径进行，一种是专门就航天贸易签订双边框架协议，并将之纳入航天贸易双边法律机制，另一种是在现有双边贸易协定基础上新增航天贸易条款。无论采用哪种途径均应将推动私人实体参与航天贸易、促进航天贸易便利化以及加强知识产权保护内容纳入双边协定。

---

① 蔡高强，刘功奇. 外空探索国际合作知识产权保护探析 [J]. 北京理工大学学报（社会科学版），2016（6）：119 - 12.

② 参见联合国裁军研究所 2013 年报告. The Role of Norms of Behaviou in African Outer Space Activities. 参见 http：//www. unidir. org/files/publications/pdfs/the - role - of - norms - of - behaviour - in - african - outer - space - activities - en -418. pdf. 2022 -3 -6 最后访问.

4.2.1　拓展中非航天贸易双边内容的途径

虽然近些年来中非航天贸易的增长速度较快，尤其是 2017 年上半年中非航空航天器材出口增长达 252%，但是中非航天贸易规模基数小，与中非其他类型贸易相比在贸易总量中的比重有待进一步提高。当前单独就航天贸易订立正式的双边贸易协定可能性较低，可以通过两种途径增补中非航天贸易双边条款。

一种途径为中国与非洲国家采取非正式的双边规范性文件的形式对双方间的航天贸易予以规定，如采取航天贸易合作框架协议、航天贸易备忘录的形式规定双方在航天合作领域采取便利措施和法律保障措施，或者在双方签订的技术合作协议中增加有关航天贸易的规定，将航天贸易中的技术贸易内容纳入技术合作协议中予以规定。如此，既能避免签订新的贸易协定所带来的时间拖延，降低协定签署的难度，同时又能通过较为灵活的规范性文件，为日后双方根据航天贸易的实际情况进一步修改规则留下空间。

另一种途径为修订现有双边贸易协定增加有关航天贸易的条款使其适应中非航天贸易发展的趋势，目前中国与非洲国家间的双边贸易协定篇幅短小，内容简单粗略，应该在其有关合作范围和最惠国待遇内容中增加高技术贸易条款，以将航天贸易纳入其中。或者借鉴中国与坦桑尼亚于 1965 年签订之贸易协定于协定后增加附表的做法，在修改原有贸易协定原则的基础上，于协定后增加补充协议和贸易目录列表，将航天产品、技术和服务纳入其中，补充协议与目录列表构成基础协定的组成部分，具有同等法律效力。当前，"一带一路"倡议下的中非产能合作以及中非合作"九项工程"成为中非发展经贸合作的主要合作规划①，因此，无论采用何种路径完善中非航天贸易双边机制，均应将中非航天贸易合作纳入"一带一路"空间信息走廊建设，在中非产能

---

①　2015 年 12 月 4 日，中国国家主席习近平在中非合作论坛约翰内斯堡峰会开幕式上致辞时提出，未来 3 年同非方重点实施的"十大合作计划"。同时中国将为非方提供 600 亿美元配套资金，支持"十大合作计划"项目在非洲的推进实施。"中非十大合作计划"是指，中非工业化合作计划、中非农业现代化合作计划、中非基础设施合作计划、中非金融合作计划、中非绿色发展合作计划、中非贸易和投资便利化合作计划、中非减贫惠民合作计划、中非公共卫生合作计划、中非人文合作计划、中非和平与安全合作计划。

合作以及 "九项工程" 的框架下进行, 从而为双边法律机制的完善寻求更大的合意基础。

完善中非双边贸易协定, 推动航天贸易的法制化和规范化, 应根据双方贸易的实际情况采取相应的策略。目前, 中国与非洲 45 个国家签订了双边贸易协定, 不仅数量巨大, 而且贸易协定覆盖范围也十分广泛, 既包括埃及、南非、阿尔及利亚等经济较为发达, 具有一定工业基础的国家, 也包括刚果(金)、津巴布韦、中非等经济欠发达国家。鉴于大量的双边贸易协定存在大致相同的缺陷, 因此短时间内实现对所有协定的修订将存在较大的困难, 尤其考虑到目前的中非航天贸易还未能扩展到所有已签双边贸易协定的 45 个国家, 因此在协定的修订与完善方面应该有所侧重。在所有已签订双边贸易协定的非洲国家中, 南非、埃及等国具有较为完善的工业体系和较为充裕的财政实力, 两国早期与西方国家的航天合作建立了一定的航天工业基础, 并且埃及和南非都是非洲具有重要影响力的航天大国[1], 因此, 现阶段应该优先推动修订与南非、埃及等国的双边贸易协定, 发挥其示范作用从而辐射非洲其他国家。

此外, 尼日利亚、阿尔及利亚、埃塞俄比亚、肯尼亚、坦桑尼亚、佛得角、毛里求斯、加纳、博茨瓦纳等国亦应成为修订协定优先考虑的国家, 中国与这些国家的贸易额均位列中国对非贸易前 10 名[2], 上述国家不仅被认为是非洲政府透明度和清廉度排名靠前的国家[3], 而且是非洲新兴经济体, 经济自由程度较高, 其所进行的吸引外资、促进经济多元化改革取得了较好的实效。[4] 其中尼日利亚、阿尔及利亚已经积累了与中国开展航天贸易的经验和基础, 佛得角则在西非信息和通信技术开发中居于领先地位。[5] 上述国家良好的经济发展形势和航天贸易基础, 为完善中非航天贸易双边法律机制奠定了基

---

① 联合国经社理事会 2016 年国际贸易统计年报 2016 International Trade Statistics Yearbook. ST/ESA/STAT/ SER. G/65 Vol. I.

② 中非合作论坛官方网站 http://www.fmprc.gov.cn/zflt/chn/zxxx/t1452476.htm. 2022 – 2 – 10 最后访问.

③ 透明国际 2017 年发布报告. 参见 https://www.transparency.org/news/feature/corruption_ perceptions_ index_ 2016. 2022 – 3 – 14 最后访问.

④ 美国传统基金学会 2018 年发布的报告 2018 Index of Economic Freedom. 参见 https://www.heritage.org/ index/ranking. 2022 – 3 – 18 最后访问.

⑤ 参见商务部网站 http://cv.mofcom.gov.cn/article/jmxw/201711/20171102672432.shtml. 2021 – 3 – 20 最后访问.

础，应成为修订双边贸易协定的重点国家和示范国家。

4.2.2　补全中非航天贸易双边协定的具体条款

自苏联发射第一颗人造卫星以来，经过半个世纪的发展，越来越多的国家具备了空间探索与利用的能力，空间领域不再是只属于少数航天强国的舞台，各国通过向私营实体转让技术，广泛参与世界竞争，可以说航天国际化与航天商业化已经成为世界航天产业发展的潮流。

中非航天贸易与欧美对非航天贸易相比，不仅在规模、范围等方面仍有较大差距，而且还面临欧美国家在贸易管制方面的歧视性政策，因此，完善中非双边经贸协定，需要消除法律的不确定性，鼓励更多实体参与双方航天贸易并为之提供便利，以应对欧美实体的激烈竞争。中非航天贸易立足于中非由来已久的传统友好关系，是中非友好关系在新经贸关系下的拓展，必然体现着真实亲诚的对非政策理念和正确义利观，这与西方国家单纯商业驱动下的经贸关系存在本质区别。目前，由于非洲国家较为落后的航天科技能力和紧张的经费状况，非洲国家在航天市场以一个消费者的姿态而呈现，在贸易中处于弱势地位。因此，中非航天贸易既要通过双边贸易协定的修改提高航天贸易的便利性，又应适当照顾非洲国家在航天贸易中的利益诉求。

（1）中国与非洲国家应通过协商将技术贸易纳入双边贸易协定，从而完整地将航天产品贸易、技术贸易和服务贸易纳入双边协定规制范畴。现有中非双边贸易协定大多在第 2 条即规定了双方贸易合作的范围，如规定"本协定提及的合作领域包括：商品和服务贸易；兴办贸易、经济和技术领域的发展项目；为执行合作项目互派专家和培训必要的技术人员"，大多数的协定未将技术贸易纳入其中。如若在该条中增加航天贸易条款比较困难，则可考虑在补充协议或附加商品目录中增加航天产品、技术及其服务贸易内容。中非双边贸易协定为中非双边经贸关系的基础性法律依据，只有将航天贸易全面纳入其调整范围，才能为中非双方签订航天相关协议与合同提供基础性法律依据。

（2）完善中非航天贸易双边法律机制应将航天贸易纳入无条件最惠国待遇适用范围。应该明确在包括中非航天贸易在内的所有经贸合作中适用无条件最惠国待遇。无条件最惠国待遇是与有条件最惠国待遇相对而言的，前者是单方面消减关税、单方面开放市场，缔约一方给予缔约另一方的优惠待遇不以缔约另一方提供相应的对等优惠为条件, 无条件最惠国待遇在法律规范中通常表述为"关于本协定涵盖的任何措施, 每一成员对于任何其他成员的服务和服务提供者, 应立即和无条件地给予不低于其给予任何其他国家同类服务和服务提供者的待遇"。有条件的最惠国待遇是以美国为首的发达国家, 在国际贸易谈判中提出, 其给予发展中国家的最惠国待遇建立在互惠条件基础上, 是对国际贸易体系中发展中国家的歧视性主张。① 中非航天贸易中, 中国与非洲国家同为发展中国家, 并且立足传统友好关系, 因此, 在双边贸易协定中宜明确适用无条件最惠国待遇, 并将最惠国待遇扩大到关税、费用以及征收关税、费用的方法和规章手续、进出口许可证、进出口配额、过境、航运等诸多方面, 并应将目前仅适用于货物贸易领域的最惠国待遇, 扩展到包括技术贸易与服务贸易在内的所有贸易类型, 只有在航天贸易的所有领域全面贯彻最惠国待遇, 才能适应中非航天贸易从产品贸易向技术贸易和服务贸易拓展的发展趋势。

(3) 除明确最惠国待遇的适用范围外, 知识产权规定是完善中非航天贸易双边法律机制所应增补的又一重要内容。就目前而言, 专门就中非航天贸易的知识产权保护签订双边协议难以实现, 借助中国与非洲国家间已有科技合作协议和双边贸易机制, 加入知识产权保护的相关条款具有较大的可行性。目前, 与中国签订有双边科技合作协议的非洲国家已达 14 个, 双边协议内容涉及新材料、信息通信、卫星遥感、商业发射等多个领域, 中国与埃及、南非等国建立了政府间科技合作联委会。② 中非航天贸易知识产权保护的双边机制, 应充分利用现有的双边科技合作协议和经贸机制, 将知识产权保护的相关条款纳入双边协议, 在科技合作联委会和经贸联委会中纳入知识产权政策协调和监督的职能。建立中非航天贸易知识产权保护双边法律机制可以从以下三个方面着手。

首先, 针对非洲国家航天能力的差异, 在双边协议中采取不同的知识产权保护策略。虽然近些年来, 非洲各国对航天科技和空间活动产生了浓厚的兴趣, 但是非洲各国经济发展水平不一, 航天工业基础差异较大, 南非、埃及、尼日利亚等国具有一定的航天工业基础, 而其他国家航天工业基础十分薄弱。因此, 在航天贸易知识产权保护的双边机制构建过程中, 对于具有一定航天工

---

① 王传丽. 国际贸易法 (第五版) [M]. 北京: 法律出版社, 2011: 212 –216.

② 王晓. 中非科技合作的形势分析与政策建议 [J]. 中国科技论坛, 2013, 1 (8): 142 –146.

业基础的非洲国家，在双边机制的构建中要强化知识产权保护水平，主张采用国际知识产权公约所确定的标准保护航天贸易中的核心技术，防止关键技术被贸易对象国家所泄露或未经允许转让。对于航天工业基础薄弱的国家，极有可能缺乏航天科技知识产权保护的国内立法，但签署或加入了《巴黎公约》《马德里公约》《专利合作条约》等知识产权国际公约，双边协议可以约定适用上述条约规定，同时应该规定，如果贸易的一方不能为航天科技成果提供知识产权保护，则另一方享有该科技成果的所有知识产权权益。

其次，明确知识产权转化实施的利益分配。在进行航天技术贸易的时候，应该通过双边协议明确该项技术的运用范围和保护方法，在这个过程中尤其要注意核心技术的保密工作。在中国向非洲国家转让航天专利技术时，需通过合同明确在此项技术成果基础上之改进专利的实施条件，并规定相应的违约责任，规定改进专利转化实施的经济效益的分配形式。对于贸易合作中新产生的专利技术成果，可以根据双方在技术研发中的"贡献"大小来决定确定具体的分配比例，同时规定违反协议的法律责任。[①]

最后，建立知识产权保护沟通联络机制。航天贸易知识产权保护对于时效性要求高，航天专利技术归属如果长期处于不确定状态，或者专利侵权纠纷得不到及时有效的解决，不仅会造成专利技术泄露的后果，同时也会给专利权人带来难以估量的经济利益损失，这种损失在高新技术领域尤为明显。因此，应在知识产权保护的双边机制中，建立知识产权申请注册、转让实施、侵权风险的信息沟通联络机制，定期交换知识产权信息，以便及时处理知识产权纠纷。目前，我国与俄罗斯的科技合作机制比较成熟，双方达成的科技合作协议较好地解决了双方科技合作过程中的知识产权保护问题，积累了国际科技合作知识产权保护经验，对我国与其他国家的外空探索国际合作知识产权保护具有借鉴意义。[②]

---

① 古祖雪，柳磊. 国际科技合作中的知识产权归属：中国的缔约和立法实践 [J]. 湘潭大学学报（哲学社会科学版），2008，32（4）：49-55.

② 中国和俄罗斯于 1999 年 2 月 25 日签订了《中华人民共和国和俄罗斯联邦政府关于一九九二年十二月十八日签订的〈中华人民共和国和俄罗斯联邦政府科学技术合作协定〉附加知识产权保护和权利分配原则议定书》。

4.3　完善联合国框架下中非航天贸易多边协定机制

中非航天贸易不仅是发展中国家间高技术领域的贸易行为，也是全球多边航天贸易的重要组成部分，尤其是考虑到当前发达国家在航天贸易领域的高昂定价、技术垄断和歧视性贸易政策，中非航天贸易对于推动建构公平合理的多边航天贸易体系具有重要的示范作用。为此，应在中非航天贸易双边协定机制构建的实践基础上，推动构建中非航天贸易的多边协定机制，从而在更大范围内为中非航天贸易构建立体化的法律保障机制。

4.3.1　重视联合国在推动对非航天应用中的重要作用

非洲国家与联合国机构注重在危机管理、区域环境治理、航天科技转移等方面开展航天应用项目，目前主要聚焦于在环境、资源、生物多样性领域的空间应用项目。各类自然环境监测、气象预警、卫星数据分发项目是非洲国家航天应用的重点领域，参与程度最高，这反映了非洲国家希望通过应用项目获得的地球观测数据，以提高国家的灾害预警和应对能力，强化非洲大陆工业化进程中的环境保护。联合国非洲经济委员会在促进向非洲航天科技转让、遥感地理信息系统建设和政策协调方面开展了诸多涉非项目，早在 1972 年即在尼日利亚伊费岛建立了区域航空航天和测量培训中心；1975 年在肯尼亚内罗毕设立了区域勘测、地图和遥感服务中心；1979 年在布基纳法索瓦加杜古成立区域遥感中心。上述培训和遥感中心在培训非洲航天人才和建立非洲地理信息系统方面发挥了重要的作用，不仅如此，非洲经济委员会还在非洲大陆建立了非洲地图学和遥感组织，促进非洲国家在遥感和地图领域的科研合作和政策协调。① 联合国外层空间事务办公室设立的灾害管理和应急天基信息平台，利用天基信息数据进行灾害管理和应急工作，该平台在阿尔及利亚、肯尼亚和尼日利亚均设区域支持办事处以作为国家联络点，联合国粮农组织和教科文组织则

---

① 非洲经济委员会过去的一些活动，着眼于通过获得和利用适当的信息技术，增强年轻的成员国家发展、监测和管理自然资源的自身的必要能力。此外，非洲经委会还在促进大陆相互联系的项目和方案中，发挥了重要作用。非洲经委会还促进发起拟由联合国外层空间事务厅执行的合作信息项目。参见联合国非洲经济委员会网站 https：//www.uneca.org/cfm2016. 2021 – 8 – 21 最后访问.

开展了多项生态系统和水资源遥感应用项目，以及粮食安全监测项目，联合国成为非洲航天能力建设的重要推动力量。

尽管发达国家与发展中国家在联合国多边行动中存在诸多利益分歧，但是在建立公平平等的国际秩序、维护发展中国家利益方面联合国依然具有不可替代的作用，尤其是在航天贸易领域，联合国框架下所制定的外层空间法律体系，有关外空自由探索原则和照顾发展中国家利益的规定均体现了发展中国家推动建立公平合理的外空秩序的努力。中国和广大非洲国家均为发展中国家，中非应主动将中非航天贸易纳入联合国对非航天应用多边机制，并以国际空间法基本原则为法理依据，推动构建公平与规范的航天贸易多边法律机制。

4.3.2　促进联合国框架下航天贸易法律机制的规范化

在国际空间法国际合作原则的指引下，联合国资助开展了一系列对非航天应用项目，这些项目的开展不仅有利于实现空间技术向非洲国家的扩展传播，也有利于对接非洲"2063 愿景"，助力非洲实现工业化与农业现代化。联合国框架下的对非航天应用项目已经成为非洲国家开展区域外航天合作的主要来源，非洲各国对项目建设抱有浓厚的兴趣，所有非洲国家均不同程度地参与了各类航天应用项目，某些项目参与国包括非洲全部 54 个国家，如由联合国教科文组织资助开展的生态系统与水资源综合管理遥感应用观测项目，以及由联合国粮农组织、外空事务办公室联合开展的环境监测空间能力建设等十余个航天应用项目，每一项目的参与国均囊括了所有非洲国家，非洲国家将参与此类航天项目视作促进自身航天能力建设、参与国际航天舞台的重要途径。在联合国对非航天应用项目中，大多数项目的合作伙伴为欧盟国家，中国在项目中的参与度较低。当前，中国与非洲国家需要充分利用联合国对非航天应用项目，深度参与项目合作。为此，可以从以下方面着手。

（1）在联合国多边对话机制下推动欧美国家解除对华航天贸易歧视政策

一直以来西方国家对于航天技术出口至华采取严格的限制措施，美国为保持技术竞争力和市场垄断地位，通过《美国军火管制名单》《出口管理条例》等法规限制对华卫星出口。美国《2013 年财年国防授权法案》仍严格控制卫星及相关物项的对华出口，不仅禁止对华出口、再出口或转移，而且也不允许美国制造的卫星或含有美国零部件的卫星由中国航天企业发射。据美国相关法律规定，中国或其他国家的卫星所含美国产部件或技术比例不得超过 25%。这不仅妨碍了中国卫星产业引进国外先进技术，提高自身科技水平，而且也间接地阻碍了中非航天贸易利用市场配置航天资源，降低生产和交易成本。① 因此，为进一步便利中非航天贸易的开展，中国应该联合非洲国家在联合国多边对话平台如联合国外空会议或 WTO 贸易谈判中，推动欧美国家解除对中非航天贸易的歧视政策，要求实施全面的无条件最惠国待遇。

自二十世纪八十年代以来，西方国家逐步建立国际多边出口管控体系②，对中非航天贸易的开展产生了阻隔作用。尤其是"瓦森纳安排机制"其通过军民两用产品和技术清单制度，将包括先进传感与激光技术、导航与卫星科技、推进系统、航天器及相关设备等在内的高技术产品纳入禁止对华出口清单目录。虽然"安排"声称不针对任何国家和国家集团，不妨碍正常的民间贸易，但无论从其成员国的组成，还是从该机制的现实运行情况看，"安排"具有明显的集团性质和针对发展中国家的特点。③ 中国曾表达加入多边出口控制机制的愿望，但依然未得到批准，而大部分非洲国家都被排斥于这四大多边出口控制机制之外，仅南非加入了 MTCR。全球四大多边出口控制制度对于中国和广大非洲国家的拒绝态度，大大缩减了其适用范围，而成为仅维护发达国家政治和安全利益的封闭性制度体系。④ 因此，中国应与非洲一起在联合国多边对话场合，呼吁改造现有出口控制机制，吸纳广大发展中国家加入其中，建立透明公平的出口控制制度。

（2）推动中非航天贸易主动纳入联合国对非航天应用项目

当前，在联合国开展对非多边航天应用项目中，欧盟是参与程度最高的国

---

① 蔡高强，刘功奇. 外空探索国际合作知识产权保护探析 [J]. 北京理工大学学报（社会科学版），2016（6）：119 – 124.

② 即"核供应国集团""澳大利亚集团""导弹及其技术控制制度"（简称 MTCR）以及"瓦森纳安排机制"。

③ 王君. 中国与多边出口控制机制关系之演变及原因探析 [J]. 辽宁大学学报（哲学社会科学版），2005（2）：76 – 81.

④ 刘宏松. 多边出口控制机制的局限与困境——非正式国际机制的视角 [J]. 国际政治研究，2009（3）：124 – 142.

家组织，其次为美国，中国几乎没有涉足此领域，中非航天贸易目前仅关注与非洲国家间的双边贸易，而未能将参与联合国项目下对非航天项目纳入贸易范畴，参与联合国非洲航天计划，不仅能提升中非航天贸易的合作水平，扩大贸易覆盖范围，亦能在非洲航天能力建设的多边参与过程中贡献中国方案。中非航天贸易是非洲航天能力建设的重要组成部分，是联合国外空国际合作以及照顾发展中国家航天利益原则的最佳实践，因此中国应与非洲国家合作，推动中非航天贸易项目纳入联合国对非航天应用项目多边协议。在航天应用项目多边协议中，中国可向非洲环境监测、粮食安全、生物多样性保护、资源管理等具体项目提供配套资金支持，非洲国家则可利用该笔资金作为中非航天企业参与航天应用项目建设的支付保障，中国由此深入地参与到非洲航天应用项目资助体系之中。

（3）完善国际空间法有关向非洲国家航天技术转移的规定

非洲国家参与航天贸易，本意不只在于满足本国的航天产品需求，还在于获取相关技术，以提高本国的航天能力。推动完善国际空间法有关航天技术转移的规定，既能深化中非航天贸易合作的现实需求，亦是中非建立平等互利航天贸易关系的内在要求。虽然《外空条约》和《关于开展探索和利用外层空间的国际合作，促进所有国家的福利和利益，并特别要考虑发展中国家的需要的宣言》，规定了外空活动"全人类共同利益原则"和"外空国际合作原则"，并特别指出应照顾发展中国家利益，促进向发展中国家提供技术援助和技术资源，但是现有国际空间法并未对技术援助与转移做进一步规定，有关规定实际上处于虚置状态。目前，中国与大多数非洲已经成为联合国外空委成员国，《联合国国际技术转让行动守则（草案）》明确规定，发达国家向发展中国家的技术转让中，应实施公平合理的合同价格，并应避免商业限制性措施①，联合国外空也多次以会议决议的形式，呼吁发达国家加大向非洲国家航天技术转移的力度，这为完善国际空间法航天技术转移规定奠定了基础。中国应与非洲国家在联合国外空会议等多边场合协调立场，推动联合国就各国与非洲国家航天技术转让建立指导价格制度，指导价格由联合国外空委成员国协商确定，并

---

① 参见《联合国国际技术转让行动守则（草案）》第 5 章。

参照国际咨询工程师联合会 FIDIC 合同①，制定发达国家向非洲国家航天技术转让的合同示范文本，为中非航天贸易技术转让提供指引，对西方航天强国利用技术和市场垄断地位抬高价格起到限制作用，同时通过联合国外空会议制定对非航天技术援助计划和目录，实现空间法技术援助规定的具体化。通过采取这些措施，不仅有利于彰显中国航天技术的性价比优势，促进联合国国际外空合作框架下中非航天贸易的规范化治理，同时也有利于增强中国与非洲国家在世界航天治理新格局中的话语权。

---

① 国际咨询工程师联合会制定有标准的招投标程序、合同文件、工程量计算规则和仲裁方式告示，使用这些标准的招投标程序、合同文件，便于投标人熟悉合同条款，减少编制投标文件时所考虑的潜在风险，以降低报价，如今已在工程建设、机械和电气设备的提供等方面被广泛使用。

第5章 构建中非航天贸易国际合作促进机制

当前中国已经与大多数非洲国家签署了双边贸易协定，成为规制中非贸易的重要法律渊源，但是在发展与非洲次区域组织经贸关系方面则明显落后于国家之间的双边关系，不少学者从非洲区域以及次区域一体化发展层面提出要加强中国与非洲次区域组织的合作关系，参与非洲一体化进程[①]，尤其是考虑到全球贸易体系存在的"南—北"对立格局和停滞不前的现状，加强中国与非洲次区域组织经贸关系建设对于促进中非贸易发展具有重要意义。

目前，非洲大陆成立了大量的次区域组织，次区域组织成为推动非洲国家经济一体化的重要力量，东部和南部非洲共同市场、东非共同体和南部非洲发展共同体在推动次区域经济一体化方面取得了较大的进展，通过取消关税、避免双重征税等贸易便利化措施，次区域内贸易将提高30%以上。[②] 构建中非航天贸易国际合作法律机制，应当充分利用非盟这一合作平台，重点关注如何实现在非盟平台下与非洲各次区域组织之间的航天贸易合作机制的构建，立足中国与非洲次区域组织经贸合作的现实基础，同时借鉴其他国家或组织对非航天合作的经验，建立适应中非航天贸易特殊性的航天贸易国际合作法律机制。

---

① 张泽忠. 新时期中非经贸合作机制研究：基于国际经济法的视域 [M]. 上海：上海人民出版社，2013：111.

② 随着欧债危机的持续发酵以及英国成功脱欧，欧洲国家在自身经济复苏乏力的情况下对非投资与援助将势必被削减，而美国新一届政府重振国内制造业的"内向"型政策，也对非洲吸引外资带来不利影响。而中国等新兴经济体成为非洲对外经贸合作的重要伙伴。虽然国际经济危机给非洲国家带来经济下滑的困境，但同时在某种程度上，也促进了非洲区域经济发展的一体化进程，并为非洲国家发展与新兴市场国家经贸关系提供了难得的机遇。

5.1 构建中非航天贸易国际合作促进机制的理论基础

随着世界经济的不断发展，经济全球化的程度日益加深，世界各国之间的关系进入一种前所未有的相互依赖状态。理论界对国际合作的讨论热度从未消散。

5.1.1 传统国际合作的西方理论

传统国际关系理论基于国家利益本位的观点，认为国家之间很难实现合作。然而，随着国际社会逐渐进入全球化时代，国家之间的依赖加深，各国很难在割裂状态下实现自我发展，因此，作为国际社会主体的国家之间，开始寻求在不同领域、不同程度中实现合作。在此种背景下，围绕国家如何实现合作，新现实主义、新自由主义以及建构主义的学者，从不同侧面，对国际合作展开讨论。

（1）霸权保证国际合作

现实主义的观点认为，冷战结束后，世界进入多元多极的状态，与国内社会相比，国际社会的无政府状态阻碍着国际合作的实现。因为国家在这样一种无政府的状态下会产生不安全感，国家的这种不安全状态，使它们面对合作的机会时，首先想到的不是能否从合作中获益，而是获益的分配情况。①

基于此种判断，在新现实主义范式下，实现国际合作的前提是，各国已经处于相对安全的状态之下，或是该合作本身就是为了追求得到安全保障。新现实主义将实现国际合作的要件归纳为两种形态：合作带来均势以及有霸权提供均势。在新现实主义的观念中，比实现国家利益更重要的是确保国家安全。而国家在追求安全时所能采取的手段只有两种。要么自身强大以确保安全，要么维持国际社会的均势以确保稳定。然而，一国想要在国际社会中获得极强势的地位，比维持现状更难，在此种情况下，"国家的首要关注不是权力最大化，

---

① 郭关玉. 新现实主义、新自由主义和建构主义关于国际合作的条件的理论述评 [J]. 社会主义研究，2005（6）：113–115.

而是维持自身在系统中的地位"。① 不管是弱国还是强国，与他国合作更容易获得优势以维持均势的局面。然而，在追寻均势的过程中，难免会产生国家间势力强弱的拉锯，这种国际社会优势地位的国家更迭会导致其不稳定。因此，新现实主义进一步提出，如果将国际秩序、国际安全比作为一种国际社会的公共产品，公共产品的分配不均会导致各国之间的矛盾加深。在此种假设下，霸权国家的存在，相当于为无政府状态下的国际合作提供一个"分配者"以及"裁决者"。因此，他们认为在一定程度上，霸权能够维持国际社会现有的稳定状况，从而保证国际合作的顺利实现。

（2）国际机制保证国际合作

同新现实主义观点一致，新自由主义认同国际社会正处于一个无政府状态，且此种状态不利于国际合作的实现。然而，其在分析阻碍国际合作的原因时与新现实主义存在分歧。新自由主义观点认为，诸如信息交换不对等、欺骗等中间环节才是阻断国际合作的根本原因。

为了最大程度削弱这些中间环节对国际合作的阻碍，国家间的协调不可避免，而国际机制则为这种协调创造了可能。"通过政策协调过程，当行为者将它们的行为调整到适应其他行为者现行的或可预料的偏好上时，合作就会出现。"② 所谓国际机制，指的是在国际关系特定问题领域里，由行为体愿望汇聚而成的一整套明示或默示的原则、规范、规则和决策程序。③ 以国际机制的方式达成国际合作有两个优势。第一，减少主权国家进行合作时的不确定性。国际机制作为一种主权国家之间的契约，具有"造法"功能，虽然其所制定的规则无法通过一个"权利机构"强制实施。但是，主权国家在机制下进行合作时所缔结的条约被看作是缔约国自由意志的充分表达，因此其具有软法的效力。在这种机制下，主权国家出于破坏规则后的成本考虑以及对自己国际名誉的考虑，会自觉遵守这种机制。第二，降低国家合作的交易成本。国际机制

---

① 肯尼迪·华尔兹. 国际政治理论［M］. 上海：上海人民出版社. 2003：168.

② 罗伯特·基欧. 议霸权之后世界政治经济中的合作与纷争［M］. 上海：上海人民出版社. 2001：65.

③ Stephen Krasner. Structural Causes and Regimes Consequence：Regimes as Intervening Variables ［J］. International Organization，Vol. 36，1982：186.

一旦建立起来，有关权利义务的规则体系也将被构建。在这一体系中，缔约国的权利以及义务将变得清晰且透明。进入该机制的国家，可以根据这些规则作出相关行为。在国际机制的框架下，各国合作中产生的利益协调的成本会被大大降低，同时，由于各项规则的确定化，缔约国的违法成本会被提高。

(3) 文化内化促成国际合作

建构主义与前两种理论一致认为，当今社会正处于无政府状态下。相较于其他两种理论，建构主义侧重于从人的主观能动性出发，对国际合作进行研究。① 亚历山大·温特认为，合作文化的内化以及国家的自我约束是促成国家间合作的两个要素。

建构主义将国际合作的过程划分为三个层次。第一个层次的国际合作建立的基础是外力的威胁，合作主体在这种威胁下被迫遵守规则。第二个层次国际合作的产生是基于共同利益的追求。第三个层次上的国际合作进行的基础是主体自愿、主动地遵循其所承认的规则。这三个层次对应了温特提出的三种无政府状态下的合作文化：以霸权为基础的霍布斯文化、以国际机制为基础的洛克文化以及以文化内化为基础的康德文化。并且，其认为，康德文化是国际合作最理想的状态，即行为体在反复适用国际机制规则的过程中，将代表国际社会期待的规则内化为自我文化，其进行合作的目的就不再是基于合作带来的利益，而是实现合作过程中对合作规范的忠实和认同感。② 基于此种理论预设，建构主义认为，保障国家间国际合作顺利运行的，不是诸如武力等外部力量，而是国家出于文化认同而作出的自我约束行为。因为在这种范式下，国际合作意味着把其他行为体的需求置于与自己的需求同等重要的地位上。但温特在其论述中指出，当今的国际社会依然处于洛克文化社会，各国的合作停留在规则层面的合作，并未产生康德文化社会所依赖的国际合作文化。

5.1.2 以"人类命运共同体"理论推动中非航天贸易国际合作

西方三大理论流派从不同的角度对实现国际合作的条件进行了论证，三者

---

① 宋秀琚. 浅析建构主义的国际合作论 [J]. 社会主义研究, 2005 (5): 117-119.
② 〔美〕亚历山大·温特. 国际政治的社会理论 [M]. 上海: 上海人民出版社. 2000: 677.

之间并不是相互竞争互相替代的关系，更多的是一种相互补充的关系。尽管如此，这三种理论都存在一个共同的缺陷，即不管三者从何种角度分析国际合作，其所讨论的范围都只涵盖主权国家这一种国际社会主体，对于除主权国家之外的其他主体，如国际组织、跨国公司等，并未进行相关讨论。然而，中非之间的航天贸易合作并非仅仅停留在国家之间合作的层面，中非之间的航天贸易合作机制应当是一个中国同非洲国家、次区域乃至整个区域之间的国际合作体系。因此，在进行相关合作理论铺陈之时，应当将这些理论与我国的国际合作理论相结合，针对中非航天贸易合作的特殊性，铺陈相关理论指导实践。

"人类命运共同体"理念自 2012 年提出至今，其内涵不断发展。"人类命运共同体理论是一套系统的有关世界各国和各文明如何在尊重多样性和差异性的基础上，通过合作共赢形成命运攸关、利益相连、相互依存的国家集合体的理论。"① 人类命运共同体理论在吸收了西方各种国际合作理论精华的基础上，对西方理论的缺陷进行了扬弃。将人类命运共同体理论作为中非航天贸易国际合作之理论基础，具有科学性。

人类命运共同体理念强调主权平等原则在协调国际合作中的重要作用，符合中非合作的前提。中国与广大非洲国家同为发展中国家，面临共同的发展任务，在国际多边场合中具有广泛的利益共同点，中非合作在长期的历史实践中逐渐发展出来"平等互利、合作共赢、共同发展"的基本理念，人类命运共同体理论与中非合作理念存在高度的契合性，并实现了对后者的超越，而成为中非航天贸易国际合作理论基础。中非航天贸易国际合作是建立在"南南合作"范畴之下的高技术合作，中国建设航天强国战略与非洲"2063 愿景"具有历史的同期性和交互性，中非航天贸易以实现双方航天产业的共同发展为目标，应以人类命运共同体理论为基本价值指引。

构建多极化趋势中的新型合作关系理念顺应中非合作的利益期待。中非合作有利于维护发展中国家利益，促进国际格局向多极化方向发展。构建新型合作共赢国际合作关系就是要突破当前国际关系格局中发达国家与发展中国家零和博弈的局面，实现各国在国际交往和全球问题治理上的平等自主参与。中非

---

① 蒋昌建，潘忠岐. 人类命运共同体理论对西方国际关系理论的扬弃［J］. 浙江学刊，2017（4）：11 – 20.

航天贸易国际合作法律机制的构建应摒弃西方国家对非航天贸易合作的诸多歧视和限制性规定，以新型合作共赢国际关系理论为指导，促进中非双方在航天贸易国际合作中实现共赢，增强中国与非洲国家在构建公平合理的国际航天贸易秩序中的话语权。

尊重世界文化多样性的观点为中非之间异质文化的交融提供可能性，为中非航天贸易国际合作创造良好外部环境。非洲国家众多，民族构成复杂，各国之间在政治、法律、经济制度、文化认同方面存在较大的差异，尊重各国文化多样性既是中非深入合作的内在要求，也是中非合作实现可持续发展并取得良好成效的现实需求。中非航天贸易国际合作法律机制的构建应根据非洲各国、各次区域组织的航天需求和航天合作现实基础情况，有针对性的采取措施，参与非洲国家和区域航天能力建设进程，从而实现中国航天战略与非洲各国航天需求的对接。

推进国际规则民主化、法治化的主张，为中非合作提供法制保障。目前，中国与非洲次区域组织间经贸合作通过中非合作论坛形式展开。中国先后与西非国家经济共同体（以下简称：西共体）以及东非共同体（以下简称：东共体）建立了经贸论坛机制，以磋商解决中非经贸合作问题。尽管此类对话渠道为中非次区域航天贸易法律机制谈判提供了集体对话平台，但从其性质上来说，这些合作机制并未形成一套严谨的法律机制。中非航天贸易的特殊性决定了仅仅依靠合作机制是无法保障其长期稳定发展，因此，以人类命运共同体理论为基础，将中非航天贸易合作机制法制化，成为发展中非航天贸易的必然趋势。

5.2 中非航天贸易国际合作促进机制的基本模式

中国习惯将非洲大陆视作一个整体而与之开展经贸合作，并未分区域、分国别施策，这从多次发布的对非政策文件中可见一斑，中国与各国签订的双边协议也具有高度的相似性，在次区域合作方面尚无成熟经验，而欧美国家在这方面已经与非洲与次区域组织开展了较为成熟的经贸合作。在构建中非航天贸易国际合作法律机制时，可以适当参考欧美国家的经验，在此基础上探索出符合中非航天贸易特性的法律机制。

5.2.1　参考欧美国家与非洲次区域组织经贸合作模式

尽管有学者指出欧美国家开始重视非洲市场是因为受到中国在非洲影响力增长的刺激反应，但是在航天贸易领域，欧美国家得益于较高的航天商业化程度，其与非洲次区域组织建立了较为成熟的合作机制。

欧美国家与非洲次区域组织航天贸易协定模式主要分为两类，一类是通过与非洲次区域组织签订包括贸易、技术、投资、金融在内综合性经贸合作协定，将航天贸易纳入其中。[①] 贸易协定具有开放性，同时面向多个次区域组织开展协定签署谈判，如欧盟于 2002 年与非洲东共体、南共体、西共体等多个次区域组织启动了"经济伙伴协定"磋商。欧盟与东共体、南共体谈判的协定中规定，双方签署经济伙伴协定后，共同体成员国产品进入欧盟市场将享受零关税、无配额待遇，同时共同体 80% 市场将在接下来的 15 年内逐渐向欧盟零关税开放，2014 年 10 月东共体国家同意与欧盟互相给予最惠国待遇，但由于在进出口产品关税方面的分歧，东共体国家推迟了协定签署的期限。[②] 与东共体和南共体的谨慎态度不同的是，西共体于 2014 年 7 月批准了与欧盟正式签署"经济伙伴协定"，根据规定西共体成员国将在 20 年内对进入西非市场的 75% 的欧盟产品逐步实行免关税政策，西共体成员国同意降低向欧盟提出的援助要求，同时，西共体国家所实行的 35% 对外统一关税政策将不适用于欧盟国家。[③]

另一类则是，就大型航天贸易项目专门签订合作协定。通过前文分析可知，当前欧盟作为非洲主要的航天贸易伙伴，与东南非共同市场、西共体、南共体、政府间发展组织（即东非政府间抗旱和发展组织）、中非共同体等几乎

---

① 张泽忠教授将此种模式称为"洛美模式"，即把贸易、工业、投资、金融与技术援助以及政治、社会环境等捆绑在一起，与所有撒哈拉以南非洲国家缔结一项综合性合作协定。参见张泽忠. 新时期中非经贸合作机制研究：基于国际经济法的视域［M］. 上海：上海人民出版社，2013：171.

② 乌干达总统穆塞韦尼指出，东共体国家需要更多时间来达成共识，他表示："我们的产品进入欧洲市场的前提是国家实现工业化，而不是一直出口原材料"。坦桑尼亚总统马古富力表示，坦桑尼亚目前正在实行工业化战略，农业以及贸易都还无法与欧盟成熟市场开展竞争。同时，他表示东共体成员国需要有更多时间考虑英国退欧对该协议签订的影响。http：//www.mofcom.gov.cn/article/i/jyjl/k/201609/20160901390797.shtml. 2021 - 2 - 12 最后访问.

③ 参见商务部网站 http：//www.mofcom.gov.cn/article/i/jyjl/k/201407/20140700666231.shtml. 2021 - 3 - 14 最后访问.

所有非洲次区域组织在促进可持续发展环境监测、欧洲第二代卫星气象在非洲应用、粮食安全监测等众多航天经贸项目上开展了广泛合作，并就这些项目与各次区域组织签订了合作协议，规定产品进出口、地面设施建设、数据共享等内容。

通过比较可知，第一类协定模式与当前中非现有签订的双边贸易协定具有相似性，都为包括贸易、投资、技术合作在内的综合性协定，并非专门的航天贸易协定，所不同的是，欧盟在此类协定中主要以促进非洲次区域组织开放区域内市场为目标，致力削减非洲国家的关税壁垒，虽然欧盟也向非洲次区域组织提供对等的关税待遇，但是欧非贸易关系，本身就呈"剪刀差"局面，此举无疑对于欧盟航天产品、技术和服务进入非洲市场更为有利。

中国与非洲次区域组织的航天贸易是立足传统友好关系的发展中国家间航天贸易，协定旨在参与非洲航天能力建设，促进中非双方航天科技和应用的共同发展，并非片面追求市场利润的增长。因此，第一类模式不仅违背中国对非交往所坚持的正确义利观，也难以得到次区域组织的批准签署。相比较之下，第二类协定模式对于构建中非次区域航天贸易法律机制有着更大的借鉴意义。

5.2.2 构建"框架协议+专项航天协定"的航天贸易合作法律模式

不同于以国家为主体的双边条约签订模式，一国与区域集团组织在签订条约时会面临一个问题，即：该区域集团组织是否拥有以组织的名义和成员国以外的第三方缔结国际条约的权力。就目前而言，享有该项权力的区域集团组织仅有欧盟而已。在《里斯本条约》中，欧盟被赋予单一的法律人格，其对外的缔约能力不仅仅表现在其可以代表成员国对外签订条约的形式能力，也体现在缔约之后，欧盟视作为条约当事方的实践效力。① 然而，与发育成熟的欧盟不同，非洲大陆上尽管存在数量众多的区域集团组织，但这些次区域组织的一体化程度远不及欧盟。以南共体和东共体为例，虽然二者在建立初期都将其组织发展定位于最终形成政治、经济一体化的集团组织，可就其现阶段的发展状况而言，要实现这一目标，还需要很长的发展过程。另外，由于历史和社会构成以及地缘政治的原因，非洲国家对向集团组织"让渡主权"的做法持否定

---

① 雷益丹. 论欧洲联盟的法律人格 [J]. 法学评论，2006（3）：6.

态度，目前而言，各组织内部并未显露成员国愿意赋予组织对外缔约权力的端倪。由此可见，寄希望于这二者以组织名义同中国签订航天贸易协定，缺乏现实可能性。因此，现阶段，中国在与非洲次区域组织构建航天贸易协定时，应当避开敏感问题，绕开组织在缔约过程中的身份问题，推动创新协定构建模式。

在此种背景下，"多边磋商 + 双边执行"成为构建中非航天贸易协定的首选机制。"多边磋商 + 双边执行"的机制是中非合作论坛的创新机制。在这一机制下，中国和非洲国家通过中非合作论坛磋商制定各领域合作宣言和行动计划，在落实这些成果时，中国再同各个非洲国家进行双边沟通，根据各国的不同情况确定合作项目并加以落实。将这一机制引入航天贸易构建过程中，参考欧美与非洲的经贸协定模式，现阶段中非次区域航天贸易法律机制可以采用"航天合作框架协议 + 航天贸易专项协定"的构建模式。在此种模式下，中国可以利用与南共体以及东共体之间经贸对话平台，以合作宣言以及行动计划的方式，确定中非航天贸易协定构建的基本原则以及最惠国待遇等问题，再通过与集团成员国之间的专项贸易协定有针对性地制定具体航天贸易条款。此构建模式一方面避免了涉及次区域组织对外缔约能力的"法律人格"问题，另一方面能够将中非航天贸易协定置于次区域合作层面，简化了中国与各国之间的双边谈判时的程序，节省时间成本，同时也为多方谈判提供平台。中非次区域组织航天贸易法律机制旨在服务于双方间的重大航天项目，以达成专项协定的形式就大型航天经贸项目签订贸易协议，如就"一带一路空间信息走廊"建设与东共体、南共体、阿拉伯马格里布联盟等一带一路沿途次区域组织签订航天经贸合作框架宣言或行动计划，有利于减小谈判难度，快速推进协定的实施，经过一段时期的协调实践后，中非航天贸易进一步发展，在此种模式发展成熟的基础上，适时推动与非洲次区域组织签订专门的航天贸易协定。实际上，中国已经与非洲次区域组织就经贸合作开展了对话与磋商，2011 年中国与东共体签署了《经济、贸易、投资和技术合作框架协定》，将双方的经贸合作范围从扩大普通贸易规模向促进航空航天等高技术领域合作拓展，在此框架协定的基础上，中国与东共同体建立了经济、贸易、投资与技术合作联合委员会，以执行框架协定所确立的各项目标，初步建立了中国 – 东非共同体经贸合作机制①，此外中国与南部非洲关税同盟正在就自由贸易协定进行谈判，中国与东共体、南部非洲关税同盟的经贸合作为构建中国－非洲次区域组织航天贸易国际合作法律机制奠定了基础。

5.3　中非航天贸易国际合作促进机制的构建路径

在推动区域航天应用方面，非盟发挥了重要作用，其通过一系列的合作倡议和常态性会议机制推动各国提高对空间活动社会经济价值的认识，并倡导区域内各国通过开展航天应用项目解决区域治理问题。中非航天贸易国际合作法律机制的构建应充分发挥非盟的对话协调作用，选择重点次区域组织作为合作对象，在非盟的框架下，实现中非航天贸易多边国际合作。

5.3.1　发挥非盟在区域航天合作中的协调作用

非盟是推动非洲国家提高空间利用意识，倡导区域航天合作，建立本土航天能力的重要力量。非盟认识到包括航天科技在内的高新技术对于引领科技进步，培育经济增长以促进非洲大陆工业化发展的重要作用。2005 年非洲第二届科技部长会议制定了"非洲科学技术整体行动计划"（CPA），其中将空间科学纳为旗舰项目优先推动实施。非盟委员会应非洲科学技术部长级委员会（AM-COST）的要求设立了空间科学工作组，为非洲大陆提出一个整体的空间战略和空间政策框架以加强非洲各国空间能力建设，促进域内国家间合作。为提高非洲国家空间研究水平，非盟设立泛非大学②，提高非洲国家空间技术研究水平，并制定了非洲发展新伙伴计划，重视推动区域内各国之间的航天应用合作。

2016 年初，第二十六届非盟国家首脑和政府间首脑会议通过了非洲空间政策和战略，并将其作为"非盟 2063 愿景"的旗舰项目，提出制定非洲空间

---

① 张泽忠，新时期中非经贸合作机制研究：基于国际经济法的视域［M］．上海：上海人民出版社，2013：175.

② 泛非大学由非盟主导于 2012 年在埃塞俄比亚成立，泛非大学的目标在于，加强非洲各国的科研和研究生培养工作。该大学在非洲五个地理区域各选一国知名高校设立分校区，每一校区主持某一领域的研究工作，阿尔及利亚作为北非校区所在国主要从事能源及气候变化研究，南非则主要从事空间科学研究，泛非大学运作资金主要来各成员国和社会捐款。

政策和战略的实施框架及治理框架，通过空间技术解决社会经济发展问题，推动区域内各国在遥感、通信等航天科技应用领域的合作，获取航天领域的社会经济价值，以使空间科技造福于非洲人民。① 尽管非洲国家的空间能力较其他航天国家落后，且航天活动面临资金投入不足、航天工业基础薄弱等不利因素，但是随着非盟的不断努力以及包括南非、尼日利亚、非盟等国家不断推动，非洲区域内的航天应用合作将不断得到加强。

2016 年非盟国家元首和政府首脑会议正式通过了"非洲空间政策和战略"，要求非盟空间工作组制定非洲空间政策和战略的执行框架，设定涵盖非洲空间计划法律要求和协议的治理框架。② 通过在非盟框架下的不断磋商非洲各国就协调各国航天政策达成了一致意见，认为应通过与国际航天伙伴的合作，发展非洲航天市场发展本土空间技术能力和服务能力，参与国际航天科研生产体系为国际航天知识体系作出贡献。非盟还推动非洲航天活动的规范化和法治化，其提出协调非洲各国空间计划，管控各国空间利益冲突，并通过监测和评估程序，将投资回报、资源利用、融资方式、风险管理纳入监测评估范围，以便工业实体获得空间技术并促进非洲商业私营部门参与太空舞台。为此，非洲国家需要建立一个组织框架，如促进可持续发展空间科学和技术非洲首脑会议、空间科学和技术教育中心，将非洲空间能力和资产整合起来。非盟同时要求具有空间科学和技术经验的非洲国家帮助经验较少的非洲国家获得空间服务和应用。并提出遵守所有有效的国际条约和协议，但是国际条约的适用必须考虑非洲集体立场。③

非盟作为非洲国家广泛参与的多边对话协商平台，应该成为多边航天贸易法律机制构建的平台。当前非盟与中国之间的主要对话平台有中非合作论坛，中国应通过中非合作论坛的对话机制与非盟各成员国展开对话，将非盟航天政策纳入中非合作论坛对话协商，从而促进中非合作论坛与非盟航天政策的对接。同时中国应参与非盟空间能力建设和空间规范化治理，以观察员或准成员

① 参见非盟文件 Assembly/AU/Dec. 589（XXVI）. https：//au. int/sites/default/files/decisions/29514－assembly_ au_ dec_ 588_ －604_ xxvi_ e. pdf. 2021－3－2 最后访问.

② 参见非盟文件 Assembly/AU/Dec. 589（XXVI）Decision on the Specialized Technical Committees.

③ AFRICAN SPACE POLICY（Draft Version 7），参见世界气象组织网站 http：//www. wmo. int/am-comet/sites/default/ files/field/doc/ events/african_ space_ policy－v7. pdf. 2021－3－2 最后访问.

的身份参与非洲科技部长会议和非盟空间工作组等非盟框架下的多边对话平台，在非盟统筹协调下与非洲各国签订多边航天贸易协定，向非盟及其成员国转让适应其需求的航天技术，加大人才培养力度，以共建共享的方式提升非洲大陆空间应用水平，这不仅有利于中非航天贸易的法治化，也有利于促进非洲大陆空间政策的整合与治理水平。

在非盟集体治理的框架下，中非航天贸易多边法律机制存在两种可能的途径，一是中国通过非盟对话机制，面向非洲国家签订多边航天贸易协定，将中非航天贸易与非盟区域治理结合，多边贸易协定保持开放性，任何非盟成员国都可以通过递交国内议会批准书的形式加入这一多边协定。多边贸易协定应注重在区域安全、环境保护、气候变化、灾害管理等全域问题治理领域开展中非航天贸易，以适应非洲各国对于天基信息的需求，减少多边协定签署的难度。二是中国与非盟就集体治理的具体领域签订贸易协定，这一形式借鉴了目前欧洲国家与非盟在航天贸易领域的法制模式。中国与非盟各成员国就生物多样性监测、气象观测、粮食安全、灾害管理等具体领域的空间信息服务与支持签订多边协议。与前一种模式相比，此种模式下的多边协定往往有效期较短，随着具体合作项目的结束而失效，因此需要及时更新，且由于合作项目的不同，每一协定均需重新签订，协定之间互相借鉴的效应缺失。综合性多边协定在非盟框架下对全体成员国具有法律效力，而具体领域专项协定则由中国与项目涉及的多个非洲国家签订，仅适用于中国与项目参与国。因此，需结合两种途径的各自优点，通过"综合性多边协定＋具体领域专项协定"的方式参与非盟集体治理，将综合指导与具体实施结合起来。

5.3.2 加强与非洲重点次区域组织航天贸易合作法律机制建设

非洲次区域组织较多，据不完全统计各类次区域组织已经多达 30 余个，各次区域组织在经济发展水平、市场和关税一体化程度方面存在较大的差异，航天探索和应用的能力以及航天需求各不相同。因此需加强对次区域组织的研究，确定中非跨次区域航天贸易法律机制构建的重点对象。①

目前，南部非洲发展共同体（以下简称：南共体）组织一体化进程推进

---

① 姜菲菲，梁明. 中国与非洲商谈自由贸易协定的探索 [J]. 国际贸易，2016（5）：22 - 25.

比较快，发育程度相较于非洲其他次区域组织而言更高。南共体国家建立了共同市场并达成了关税同盟，正努力推动对外实行统一的经贸政策。就法律方面而言，南共体各成员国缔结了一系列的区域一体化法律文件，诸如金融和投资议定书、便利人员流动议定书、法律事务议定书、执法议定书等，不仅如此，还签订了一系列谅解备忘录，达成了许多宣言，已经构建出了一个相对完整的法律框架。除此之外，与其他次区域组织成员国国情相比，南共体成员国不仅经济发展水平较高，而且政治局势较为稳定，对航天科技及其应用需求较强烈，尤其是南非作为区域航天大国，具备一定的航天工业基础。与包括中国在内的域外国家开展了航天贸易合作，具有航天国际合作基础，在非洲对外开展的数量众多的航天合作项目中，南共体及其成员国是非洲航天经贸领域表现活跃者，不仅参与了大量的非洲区域间航天合作项目，而且与美国、俄罗斯等国开展了多项航天探索及其应用项目。[①] 因此，南共体应该成为当前中非跨次区域航天贸易法律机制构建的重点对象。

东共体国家作为"一带一路"建设的节点区域和中非产能合作示范国家，不仅政局稳定，成为非洲一体化进程最富成效的次区域组织，近些年来成为非洲经济增长的主要贡献者，与其他非洲次区域集团相比较，东共体成员国之间的经济发展水平差异较小，因此其一体化进程相对更有基础。另外，从文化的角度来看，东共体成员国都拥有斯瓦希里文化背景，而且成员国的数量也不多，其一体化进程中的阻力也相对减小。从社会稳定角度来看，东共体成员国所处的政治环境相对较安全，内部的武装冲突相较于其他地区也更少，稳定的社会环境，为一体化进程贡献了力量。最后，东共同体所有成员国都已经先后与中国建立外交关系，而且与中国在基础设施建设、农业现代化、通信网络建设方面开展了密切的合作[②]，自二十世纪八十年代后期以来，中国和东非共同体关系全面发展，政治关系不断升级，贸易合作持续拓展，文教交流逐渐深入。[③] 近些年肯尼亚、乌干达、坦桑尼亚等国也明确将发展航天产业作为实现

---

① Mwangi Elizabeth Wangari. Africa's International Relations in Outer Space Activities [D]. Unversity of Nairobi. October 2016.

② 马强. 中国与东非共同体：基础设施合作潜力巨大 [N]. 中国经济导报，2013 – 7 – 30 (B05).

③ 卡斯，李一平. 中国企业对东非共同体投资现状及其影响 [J]. 国际展望，2016 (6)：133.

国家科技发展和多元增长的重要手段。因此，为中国－非洲次区域组织间航天贸易法律机制的构建奠定了基础。

此外，在与其他次区域组织的航天贸易谈判中可以采取重点成员国先行，通过辐射示范作用，最终促成与次区域组织缔结航天贸易合作协定。

5.3.3 推动建立"空间信息走廊"沿线国家航天贸易一体化法律机制

"一带一路"空间信息走廊建设，为中非航天贸易提供了难得的机遇，两者之间存在良性的互动关系，应推动中非航天贸易纳入"一带一路"空间信息走廊建设，通过"一带一路"多边对话平台，促进空间信息走廊建设沿途国家航天贸易的一体化，并构建相应的法律机制，从而提高沿线航天贸易的便利化和规范化。

（1）推动中非航天贸易纳入空间信息走廊建设

2013 年中国提出了共建"一带一路"倡议，该倡议旨在促进中国与亚洲、非洲、欧洲的互联互通。[1] 与现有多边合作机制不同的是，"一带一路"所倡导之多边合作具有开放性和包容性，鼓励更多国家在"共建共商共享"基础上开展互利合作。[2] "一带一路"沿线各国国情差异大，航天科技及其产品能够广泛应用于区域安全管控、自然灾害防治、交通管理、农业监测、资源勘探等诸多领域，并为沿途国家和地区的互联互通提供卫星应用服务和天基信息保障。

2014 年中国卫星全球服务联盟提出了"天基丝路"的构想[3]，"天基丝路"将推动"一带一路"沿线各国深化与中国在航天贸易、空间技术应用领域的国际合作。同时"天基丝路"沿线国家将会有机会以共建共研、应用示范等方式与中国开展航天贸易与合作。[4] 2016 年国家发改委和国防科工局于联合发布了《关于加快推进"一带一路"空间信息走廊建设与应用的指导意见》

---

[1] 陈耀. "一带一路"战略的核心内涵与推进思路 ［EB/OL］. 参见 http：//theory. people. com. cn/n/2015/0128/c83853 – 26465206. html. 2021 – 3 – 4 最后访问.

[2] 赵晋平，重塑"一带一路"经济合作新格局 ［M］. 杭州：浙江大学出版社，2016：4.

[3] "天基丝路"构想，通过共建、共享、共用的开放合作机制，利用"一带一路"沿线国家现有和规划中的空间和地面设施，构建包括卫星导航、卫星通信、卫星遥感为主体的民用空间基础设施.

[4] 杨海霞，姚莉. 把握时代机遇，共建"天基丝路"——专访中国航天工业科学技术咨询有限公司总经理王莉 ［J］. 中国投资，2014（12），33.

（以下简称《指导意见》），天基丝路正式上升为一项国家重大项目。《指导意见》指出空间信息走廊的建设坚持共建共享、互利共赢原则，推动与沿线国家在空间信息走廊建设、运行和应用方面深度合作，非洲被明确纳入"空间信息走廊"建设的范围。① 非洲作为"一带一路"倡议的自然延伸和重要节点②，中非航天贸易有利于为"一带一路"在非洲推进提供气象卫星数据信息、定位授时、海事通信等信息保障服务，因此，中非航天贸易也应成为空间信息走廊建设的重要组成部分。构建中非航天贸易多边法律机制应充分利用一带一路多边合作体系，通过沿线多边法律合作实现区域内航天贸易的便利化。

在一带一路多边框架下构建中非航天贸易多边法律机制能带来两方面的效果：（1）避免多边航天贸易法律机制的重叠。目前，"一带一路"沿线存在众多多边合作机制③，如上海合作组织、欧亚经济联盟、中国-阿拉伯国家合作论坛、中国-葡语国家经贸合作论坛、中国-东盟自贸区等，其中相当多的多边组织中包含有非洲国家，如果在这些组织中分别建立航天贸易框架协议，不仅耗时耗力，而且还会造成航天贸易法律机制的重复建设，繁复的法律机制也无形中增加了商业航天企业的法律成本。因此，将所有涉及非洲国家的多边合作机制汇集于"一带一路"框架下，制定统一的航天贸易多边协定，不仅扩大了协定的适用范围，而且也能便利"一带一路"沿线各国间的航天贸易；（2）对接"一带一路"建设，借力其平台支持法律合作机制的构建。为推动"一带一路"的实施，中国已经与沿线国家建立多边对话磋商机制，如"一带一路"国际合作高峰论坛，国家领导人非正式会议机制也正在形成中，中非航天贸易多边法律机制的构建应充分利用上述平台。在"一带一路"框架下构建中非航天贸易多边法律机制，能为中非航天贸易获得来自亚洲基础设施投

---

① 2016 年 10 月 22 日国防科工局、发改委联合发布《关于加快推进"一带一路"空间信息走廊建设与应用的指导意见》指出，空间信息走廊建设的总体目标是，经过 10 年左右的努力，基本建成以东南亚、南亚、西亚、中亚、北非为重点，辐射大洋洲、中东欧、非洲等区域，设施齐全、服务高效的"一带一路"空间信息走廊，成为我国与沿线国家共建"一带一路"的崭新亮点，使我国空间信息产业在走廊区域的市场化、国际化达到世界先进水平，为走向世界奠定坚实基础，惠及"一带一路"沿线国家经济社会发展。

② 蔡高强，刘功奇. 构筑一带一路建设在非洲国家推进的法律保障［N］. 中国社会科学报，2017－10－10（008）.

③ 孔庆江，以多边合作机制应对法律风险为一带一路建设提供法律支撑［N］. 人民日报，2017－9－19（07）.

资银行、丝路基金等"一带一路"金融体系的支持提供法律依据。因此，将中非航天贸易纳入"一带一路"多边法律体系。

实际上"一带一路"倡议与中非航天贸易之间存在着相辅相成的关系，中非航天贸易的起始于二十世纪九十年代，远早于"一带一路"倡议的提出时间，中非航天贸易所积累的良好做法以及存在的不足，都应该成为中国与"一带一路"沿途其他国家合作建设"天基丝路"的借鉴经验，尤其是考虑到"一带一路"沿途存在众多的发展中国家，此种借鉴意义更为突出；"一带一路"倡议作为中国建构国际经济新秩序的有益尝试，必将得到长期坚持与推动，非洲作为"一带一路"倡议地理上重要组成部分，中非航天贸易的发展只有纳入"一带一路"时代背景才能获得现实和长远的意义。①

（2）建立空间信息走廊沿线国家航天贸易一体化法律机制的可行性

2015 年中国国务院颁布了《关于加快实施自由贸易区战略的若干意见》（以下简称《意见》），明确表示要加快与"一带一路"沿线国家协商创建自贸区，鼓励沿线各国就推动贸易便利化、自由化进行谈判并达成沿线多边贸易协定，从而超越现有庞杂的贸易协定，形成覆盖一带一路全线、水平更高的贸易安排。② 但目前沿线各国经济发展政策缺乏协调性，多边贸易参与程度各不相同，区域多边贸易安排种类繁多且内容差异性大，因此，协调整合"一带一路"沿线现有多边体系形成覆盖"一带一路"全线的自由贸易体系充满挑战。但是航天贸易作为单一贸易类型在磋商达成贸易协定方面难度较小，中国航天科技及其应用的高性价比满足了沿线国家航天市场增长的需求，通过"一带一路"空间信息走廊建设，中国已经与沿线十几个国家或地区签订了航天贸易合作框架协议，为推动中非航天贸易纳入沿线国家航天贸易法律机制一体化奠定了法律基础。

以东非国家为例，东非国家近年来经济保持较快增长，成为非洲经济增长的火车头，而且作为"一带一路"倡议的非洲支点地区，东非国家吸引了来

---

① 中国人民大学重阳金融研究院研究报告第 23 期《"造血"金融——"一带一路"升级非洲发展方式》. 2017. 12.

② 赵晋平，重塑"一带一路"经济合作新格局 [M]. 杭州：浙江大学出版社，2016：53.

自中国的大量投资和贸易。在内部法律一体化方面，东非是非洲区域一体化进展最大的地区之一，在对外经贸合作方面，东非国家与欧盟开展了多项多边贸易协定谈判工作。尤其是在航天经贸方面，东非国家参与了众多的多边航天应用项目，面向印度洋、南亚等区域提供气象预报、通信广播、海洋监测、海事管理等服务，而这些航天应用项目与"一带一路"空间信息走廊建设方向高度吻合。因此，上述有利条件为推动中非航天贸易纳入"一带一路"下东非航天贸易法律机制一体化创造了可行性。实际上，中国与非洲国家目前已开展的航天贸易活动，大多将航天服务扩展至中东、印度洋等"一带一路"沿线地区，如中国与刚果（金）、肯尼亚开展的卫星交付和卫星数据贸易均能服务于印度洋气象监测和海上交通，为推动中非航天贸易纳入"一带一路"航天贸易一体化法律机制积累了实践经验。

此外，将中非航天贸易与一带一路空间信息走廊建设对接，需要发挥一带一路多边合作机制的作用。当前"一带一路"国际合作高峰论坛作为推动"一带一路"建设的最高规格合作机制，成立了论坛咨询委员会与论坛联络办公室作为常设性机构，"一带一路"国际合作高峰论坛已经在国际社会产生了巨大的影响，2017该论坛召开首次会议，取得了丰富的成果，中国与肯尼亚、埃塞俄比亚、孟加拉国、巴基斯坦等30个国家签署了经贸合作协议，与埃塞俄比亚、老挝等国签署了卫星贷款协议，搭建了"一带一路"多边合作的平台。应充分发挥该论坛的对话协商机制，在高级别论坛或平行主题会议下设空间信息走廊建设分论坛，将对非航天贸易纳入分论坛议题，总结分析沿线范围内航天市场需求，促进中国航天科技国际化发展与沿线国家航天需求对接，中非航天贸易在这一过程中对空间信息走廊建设的多边合作具有示范意义，通过各国共同协商形成开放的航天贸易多边框架协定，共建覆盖"一带一路"沿线所有国家和地区的空间信息走廊。

（3）实现空间信息走廊沿线国家航天贸易一体化法律机制的路径

空间信息走廊建设沿线各国在经济发展水平、航天能力建设以及配套航天法规方面存在较大的差异，构建空间信息走廊沿线航天一体化法律机制应该分步骤推进。首先，应增加非洲国家航天政策的协调性，推动航天科技及其应用服务于"一带一路"建设。各国应出台制定国家航天政策，加强国内的航天立法和对接"一带一路空间信息走廊"建设的配套法律机制，从而为航天贸易一体化法律机制建设奠定国内法制基础。其次，促进非洲各国航天贸易合作，提升贸易便利程度。中非航天贸易应在"一带一路"区域内多边合作中发挥示范作用，中国与非洲国家应充分利用多边对话平台，扩大中非航天贸易服务范围，以区域内海上运输、气象观测、国际通信等项目建设带动航天科技的应用，推动各国就配套于"一带一路"项目建设的航天产品、技术和服务贸易进出口，在许可证审批、转运、税收方面给予便利和优惠待遇。再次，加强各国航天能力建设。非洲不少国家均有发展本国航天科技的愿望，中国参与其航天能力建设不仅能提升合作水平，促进企业参与市场竞争，也是空间信息走廊建设坚持共建共享原则的必然要求。最后，在良好合作的基础上，各国通过协商实现"一带一路"航天贸易一体化整体制定安排（见图1）。

图1 "一带一路"航天贸易一体化整体安排

在推动中非航天贸易纳入"一带一路"框架下航天贸易一体化法律机制的过程中，应注意以下问题：首先，中国与非洲国家应对"一带一路"沿线现有的双边和多边经贸合作协定进行梳理①，总结双边和多边协定中合理内容，通过倡导沿线国家多边谈判的方式，将已有合理规定上升为多边贸易协定内容，并将航天贸易纳入多边协定规制范围。航天贸易多边协定谈判具有一定难度，打造全新的贸易法律模式无疑会增加难度，吸收现有双多边协定中的合理规定有助于凝聚更大共识。其次，既要扩大航天贸易一体化法律机制的适用范围，同时也要积极发挥中国和非洲国家的推动作用。中国和非洲国家处于"一带一路"的两端，制定一体化的航天贸易多边协定，为空间信息走廊建设提供法制保障，将为中非双方"一带一路"建设提供充分的天基信息支撑。在具体谈判中，可以借鉴中非间已有双边贸易协定和中非次区域航天贸易协定的立法模式和内容，重视将货物通关、质量标准和进出口管制的便利化纳入多边协定规制范畴。最后，注重发挥沿线大国的作用。"一带一路"沿线印度尼

---

① 张鸣起. 推进"一带一路"建设的法治思考［J］. 中国人大，2016（16）：24–26.

西亚、马来西亚、印度、埃及等国，不仅保持着稳定的经济增长，而且有着较好的工业基础和蓬勃发展的航天需求，在推动中非航天贸易纳入"一带一路"航天贸易一体化法律机制的构建过程中，应加强与大国的磋商，发挥其区域引领作用。一带一路不同区域、不同国家在经济社会发展、贸易投资环境方面存在差异①，中国与沿线国家构建航天贸易多边法律机制的过程中，需要根据不同的国家发展水平和营商环境，采取不同的贸易政策和贸易模式，坚持正确的义利观，将中国的产业产能优势与沿线国家的具体实际需求相结合，推动针对沿线国家需求的投融资和技术转移，构建互利共赢的新型航天贸易伙伴关系。

---

① 参见 African Economic Outlook 2017：Entrepreneurship and Industrialisation，OECD Publishing，Paris. 参见 http：//www. oecd. org/dev/african‐economic‐outlook‐19991029. htm. 2021‐3‐11 最后访问.

第 6 章　完善中非航天贸易法律保障机制

当前国际法有关航天贸易的规定以及中非双边经贸协定，对中非航天贸易起到了初步的规制作用，但是现有法律机制依然存在诸多缺陷，难以为中非航天贸易提供充分的保障，再加之来自航天贸易内部、外部因素的风险对中非航天贸易的顺利发展带来挑战，迫切需要构建航天贸易法律保障机制，保障中非航天贸易的双边多边法律机制和国际合作机制顺利实现其缔约意图，为此应进一步完善中非经贸联委会机制，发挥其信息沟通、政策协调的作用，同时构建风险防控机制和纠纷解决机制，保障中非航天贸易的顺利实施。

6.1　提升中非经贸联委会议事机制的开放性

当前中国与非洲国家大部分国家签订的双边贸易协定中均有规定设立双边经贸混合委员会或者联合委员会，或者直接就成立经贸混委会或联委会订立专门协定（经贸混合委员会和经贸联合委员会实为同一性质机构，仅用词表述不同，因此以下统一为联委会），完善联委会职能将为中非航天贸易提供组织机构保障。从国际组织法的意义来说，国际经济组织可以提供议事的程序、信息交换场所与召集人，将国际机制的各种规范予以明晰化，其作为信息中心的功能是其他国际机制所不能比拟的。① 联委会机制欲在未来的双

---

① 张泽忠. 新时期中非经贸合作机制研究——基于国际经济法的视域. 上海：上海人民出版社，2013：161.

多边贸易中，尤其是在航天贸易等朝阳领域有所作为，势必应当从简单的会议
机制层面进一步升华为具有组织性的机制，将中非对于航天贸易的合作预期固
化为常态机制，将临时性的"权力"之间的交往转化为有制度化支持的组织
框架。①

6.1.1　明确联委会的航天贸易保障职能

当前中国签订的联委会相关双边文件，在签订时期上较早，其中的条文表
现出极简风格，大多数联委会双边文件的条文规定基本都维持在十条以内，且
缺乏具体的权利义务规定，无论是在数量上还是内容上都不适应于当前涉外条
约的现实需求。考虑到联委会的宗旨本身在于促进双边贸易在政府层面的商讨
交流，而非直接针对具体领域的贸易促进，联委会应更注重"聚合"作用，
在中国对外双多边贸易迅速增长的今日，需要有联委会这样的法律机制来统合
破碎化的涉外贸易法律文件，为常态化的讨论、更新双边贸易规范提供保障框
架。中非之间的航天贸易发展也需要依托于联委会框架，在常态化的议题交流
机制中加入航天贸易议题的商讨，以适应于贸易合作领域与形式的不断升级。
中国与非洲国家间双边经贸联委会应当成为中非经贸谈判、磋商以及贸易纠纷
解决的重要途径，但目前双边经贸协定对于联委会的人员构成与比例、运行程
序以及职能权限缺乏详细规定，若要推动联委会"聚合"功能的实现，所需
建立的不只是常态的交流机制，而是常态化的工作组织，将联委会的决策与信
息中心功能建构得更为完整。

回归到中非之间的航天贸易领域，当前对联委会的职责存在两种规定，一
种是"研究措施以促进缔约双方国间的经贸合作，并确保此协定及其决议的
正确执行，解决在两国经贸关系及其他经贸合作协议的执行中可能出现的问
题"②，另一种是"双方对本协定的解释或执行所产生的一切争端都须在两国
经贸混合委员会框架内、通过友好协商解决"。③ 为促进中非之间的航天贸易
合作，在联委会的职能方面，除了应研究促进已有的经贸关系，还应注重

---

① 梁西. 国际组织法 [M]. 武汉：武汉大学出版社，1993：16.
② 参见《中华人民共和国政府和南非共和国政府关于成立经济和贸易联合委员会的协定》。
③ 参见《中华人民共和国政府和加蓬共和国政府贸易协定》。

"研究探讨缔约双方在经济贸易领域内扩大合作的可能性，并提出旨在加强和促进这种合作的建议"。为充分发挥联委会对于中非航天贸易的保障作用，应由中国商务部与非洲国家相关职能部门协商出台专门的法律文件，将航天贸易纳入联委会保障范围，并在联委会框架下建立航天贸易项目执行评估监督制度，推动联委会在航天贸易磋商、执行以及纠纷解决方面发挥实际作用。

（1）应寻求在联委会框架下建立航天贸易信息沟通与通报制度

联委会作为双边贸易的政策信息聚合平台，应当在各方信息交流沟通方面建立有效的制度保障。一方面，督促相关政府部门尽可能公开可予以披露的航天贸易相关信息数据，搜集其他地区国家的航天贸易数据。在此基础上，联委会可与相关航天科研机构、高校合作，借助联委会的框架与名义，深入分析研判中非政府披露的航天贸易数据，对中非以及西方对非航天政策、航天贸易发展情况进行研究，评估非洲航天市场发展动向，评估其对中非航天贸易的影响，分析中非之间航天贸易市场的供需状况，尤其对非洲国家多样化的航天需求特点与风险予以洞察。另一方面，联委员要建立数据信息的定期、长期通报制度，向中非双方政府和航天部门、航天企业通报有关影响和分析结果。应推动信息通报机制的常态化，以每一季度或年度为单位，发布相关分析评估报告，例如仿照国际投资领域投资指南编著"对非航天贸易国别指南"，针对性地阐明各个非洲国家的航天市场需求差异，使信息披露更为专业。为使航天贸易信息的通报更为可靠，还需要中非政府在联委会框架下设立专项科研基金，由联委会组织专项调研对贸易领域的市场因素予以研判，其中当然包括对非洲差异化航天市场以及中国航天企业在适应航天产品个性化需求发展方向方面的调研。

（2）应寻求在联委会框架下建立多层次的航天联络制度

联委会在成为中非航天贸易政策性商讨的轮轴中心之外，作为关键平台，联委会还应当成为多层次、多方面主体沟通的联络中心，此种联络中心更多地表现为非政府层面的联络。联委会在加强与双方政府的沟通联络之外，还应积极促进航天企业与应用领域之间的信息交流，中非双方在涉及航天产业链的各类航天社会组织、航天企业之间搭建桥梁，将联委会塑造为促进民间组织、企业合作的示范平台，促进中国航天企业与非洲各空间研究机构、天文研究社团组织、卫星运营企业的交流。不仅要在日常业务层面实现合作，更要建立长久的友好对接机制，使双方的民间合作做到战略层面的共融。尤其要加强对中非双方重大航天经贸合作项目的追踪服务，借助联委会平台提供完善的配套服务，建立多方联动的机制，保障项目顺利推进。为加强此种联络的可信度，联委会可倡导建立双边航天合作中心或航天应用示范中心，以点带面，通过示范效应为中非之间的多层次合作提供蓝本。

6.1.2　优化联委会的组织架构

中国在二十世纪八九十年代与大量非洲国家签订了双边经贸协定，设立了经贸联委会机制，但是目前经贸联委会存在碎片化的问题，且联委会机制在覆盖面上存在瑕疵。由此带来的问题是联委会的运作缺乏总体统筹，联委会机制在实际运作中存在诸多制度空白，未能充分发挥其在实现信息畅通方面的优越性。

在中非航天贸易的背景下，虚置的经贸联委会机制所需要的不仅是填补空白，还需要深度的整合。中国应与非洲共同进一步完善联委会会议机制，利用其制度桥梁作用，以联委会机制巩固已有经贸关系，鼓励引导新的经贸关系。在上述工作的基础之上，应尝试致力于整合中非之间的联委会机制。非洲国家在政治层面的协商合作进程要优于其他地区，将非洲国家视为整体来构建多边性质的联委会会议机制，对于非洲国家航天政策的一体化进程和中非航天贸易合作都是利好。为推动中非航天贸易纳入中非经贸联委会会议机制，联委会需要就中非之间航天贸易的相关领域予以分专题讨论，由相应的政府职能部门、航天相关企业就本领域相关的问题参与相应的专题讨论。

目前有关联委会双边协定规定中的磋商机制亦有待改进，联委会的组成人员由双方政府各自任命代表组成，联委会的组成具有一定的封闭性，会议召开时间具有临时性且会议程序不明。

改造现有磋商机制，应在现有经贸联委会中建立定期会晤机制，避免临时性会晤所带来的沟通不畅、执行不力等问题。根据中非航天合同的执行情况，将双方航天贸易纳入会议议题，适当延长会议时间，并根据双边贸易规模确定会晤级别为部长或副部长级，允许航天企业界的代表担任联委会组成人员。在定期会晤以外，应成立常设性秘书处或贸易事务工作组，组成人员中应包括来自法律服务部门熟悉中非法律的专业人员，推动秘书处或工作组成为双方经贸合作推进和分歧处理机构。在现有签订的《中华人民共和国政府和xxx国政府关于成立经济和贸易联合委员会的协定》中，赋予航天贸易活动中自然人、法人或其他组织有权向该秘书处或工作组提出议案或有权将贸易中的分歧、纠纷提交秘书处或工作组协商解决，秘书处或工作组根据纠纷案件标的的大小和社会影响，决定自行处理或提交经贸联委会磋商处理，在作出处理意见后，当事人如对结果不服可以向相应有权机构提起诉讼或仲裁。现有双边贸易协定需进一步规定经贸联委会及其常设机构的议事程序，规定联委会及常设机构成员对于双方经贸信息情报的保密义务，推动中非经贸联委会及其常设机构成为中非经贸纠纷协商解决的常态性组织。

6.1.3　建立有效的航天企业参与机制

联委会作为"聚合"型的沟通平台，其沟通平台的职能不仅应置于政府间合作的语境下，也应当成为航天企业崭露头角的舞台。航天相关企业由于其高技术性，无论是准入门槛高度还是国家监管程度都超过其他领域，航天企业倘若不能在技术支持、信息渠道方面获得高层次的平台支撑，将难以实现可持续发展。

航天商业化和国际化已经成为空间探索和利用的不可逆趋势，随着空间通信、导航、遥感等基础设施的完善以及空间技术的成熟，单纯依靠政府资本主导的空间探索利用局面将发生改变，越来越多的私人实体将参与到空间活动中来。在中非航天贸易中，中国军民融合战略深入实施，航天领域开放程度不断提高，目前，中国国内已经成立了数量众多的卫星研发、发射、卫星通信电视广播运营企业以及卫星下游应用企业。随着空间信息走廊建设和"天基丝路"的不断推进，越来越多的私人实体将参与到中非航天贸易中来。中国当前着力于鼓励私营企业参与航天贸易，无论是研发机构、工业制造企业、技术服务企业等都是航天企业的重要方面，产业链上下游之间的整合方向与程度都应当在国家政策引导规制的前提下遵循市场规律的调整。如何发现中非之间航天贸易的市场规律，联委会应当成为市场沟通的关键桥梁。联委会提供的平台应当以包容的姿态容纳航天企业参与其中，航天企业参与中非航天贸易治理既是多极社会力量共治的要求，也是尊重社会组织自主发展权利、引导行业走向自治的重要一环。当前联委会的平台制度尚不成熟，引导航天企业参与这一机制，需要联委会建立常设性的组织机构，或在联委会组织下建立行业性的组织机构，无论是哪种方式，政府部门无疑都是其中的主导者，在政府部门以外，则需要以制度性规范来保障确保航天企业参与联委会相关机构的权利。

以在联委会平台下建立行业性的组织机构为例，若要建立中非航天贸易合作与促进机构，应当由中非航天相关的行政职能部门建立高级别理事会，由工信部、科技部等关键行政部门负责人与非洲国家的相关部门负责人共同组成，为中非航天贸易发展提供方向性的政策指引。此外，应针对性地设立航天企业大会，航天企业大会依据高级别理事会制定的章程开展活动的组织机构，其主要目标在于为航天企业提供诉求表达平台。为促进私营企业积极参与其中，凡表示愿意参加大会工作并符合大会章程要求的航天企业都可以成为大会的观察员，原则上观察员数量不受限制，以充分实现航天企业的发声需求。为实现大会组织架构的正常运作，各成员国需自行指定参与大会的代表企业，各国代表企业就大会所议事项享有表决权，代表名额的分配应由理事会通过的大会章程确定。航天企业大会应研究制定由本大会章程所确定议题之细则，为促进中非之间的航天贸易提供技术支持。为实现航天企业大会的有效治理，应明确航天企业的参与资格，以及在违背章程时的权利限制及除名程序。原则上应尽可能吸纳观察员企业，但应在形式上进行最低限度的审查，确认参与企业的资本能力、主营业务与航天活动具有一定关联性，施行较为宽松的资格准入规则；在航天观察员企业，尤其是有表决权的航天代表企业违背本大会的章程宗旨时，对其参加航天企业大会的权利予以限制甚至是除名。

构建常态性的联委会组织架构，应注重提高来自航天企业的代表性，无论是在决策机构还是日常行政机构中，都应纳入航天等相关领域的代表人员，中非双方都应为此类极具潜力的贸易领域预留更多的成长空间，将航天相关议题的讨论与促进确立为常态性的审议议题，在联委会的会务讨论中确立"发展与促进中非航天贸易合作措施"的常设议题，尤其要在其中强调航天企业参与对于发展航天技术、提高决策科学性的重大意义，同时在高位阶的规范性文本中确立私营性质的航天企业在航天贸易中的地位与作用。

此外，在航天企业大会召开的同时，可尝试组织开展航天贸易展览会或相关的洽谈会议，鼓励所有的观察员企业参与其中，在这一窗口中展示本企业的产品及技术，为潜在的航天贸易合作创造交流环境。

6.2　建立中非航天贸易风险防控机制

中非航天贸易具有高技术、高投入的特点，来自内部和外部的不确定因素带来了中非航天贸易的高风险性。在构建中非航天贸易法律机制的进程中，风险管控机制是重要的一环，为保障中非航天贸易的顺利开展，应建立航天贸易政策多边协调机制，充分利用现有航天保险制度，化解航天高技术和高投入所带来的风险，同时完善航天项目知识产权机制，并将风险应对纳入国民待遇条款，从而降低风险发生的可能性，减轻风险所造成的损失。

6.2.1　评估中非航天贸易风险来源

评估中非航天贸易风险来源，是建立科学有效的风险防控机制的前提。与普通贸易不同的是，中非航天贸易是一种高技术、高投入的贸易类型，不仅受到内部技术条件、资金投入等因素的影响，同时也面临来自非洲各国以及区域组织航天贸易政策调整的风险，在开展中非次区域航天贸易合作时，次区域组织的经贸一体化程度增加了中非航天贸易的不确定性。具体而言可以从以下方面评估中非航天贸易风险来源。

其一，技术风险是中非航天贸易最主要的风险来源。从贸易类型上来说，中非航天贸易属于高技术贸易种类，无论是产品或是服务，航天贸易整体上以高水平的科学技术为支撑，航天贸易也因此区别于传统贸易。[①] 以航天产品为例，其贸易内容包括航天器、推进装置、通信和导航设备、测控设备以及计算机、数据处理系统等诸多产品，其中每一类产品都包含了大量的高新技术。中非航天贸易往往以"在轨交钥匙"形式，向非洲国家提供全套航天解决方案，航天贸易内容包含了大量的产品和设备，各航天子系统的集成与应用进一步增加了其复杂性。因此，无论是从单件的航天构件而言，还是从成套设备而言，

---

① 刘功奇，我国探月工程知识产权保护研究［D］. 湘潭：湘潭大学，2015.

中非航天贸易都必然涉及大量高级别技术。尽管重大技术成就向外界展示了一个国家的权力、生机和威望，但是高技术性带来的风险贯穿于中非航天贸易的全过程。[①] 高技术性增加了技术攻关的难度，造成研发周期长和投入成本高的特性，在产品研发过程中，任何一个细节的处理都将对全局成败产生重要影响，某一环节的拖延或中断，都将对贸易项目的整体推进带来不利后果。因此，就目前中非已经成功实施的航天贸易项目来看，卫星产品的研发往往需要2—3 年的研发周期，如其中包含重大创新技术，则研发周期随之增加，风险亦随之增加。如中国与尼日利亚签订的"尼星 1 号"合同，由于该卫星为新一代高功率通信卫星，技术攻关耗时较长，合同签订以后交付期限一再推迟，在经历三年之后，至 2007 年 5 月该卫星才得以发射升空，但是一年后由于动力故障卫星被宣告在轨失效。

高技术性还带来资金成本增加的风险，技术难度越大，投入的资金、人力成本就越高，而且研制过程中出现的各类技术难题，导致资金投入往往高于合同最初所商定之数额。还是以中国与尼日利亚所签"尼星 1 号"合同为例，该合同最初所定之总额为 3.11 亿美元，但是"尼星 1 号"在发射一年后失效，虽然中非在不增加尼方资金负担的情况下，自筹数亿资金发射替代星"尼星1R"号，但这充分说明了航天贸易领域技术风险不仅带来合同延期问题，同时也增加了贸易成本。

除上述风险以外，中非航天贸易的高技术风险还体现为知识产权保护风险。中非航天贸易现已进入共建共享阶段，非洲国家将以共同研制的方式参与到中非航天贸易项目实施中来。[②] 航天贸易共同研制中的知识产权关系越来越复杂。既有一方将自己已掌握的技术成果应用于合作项目的情形，也有双方在共同研制中，共同投入智力成本所获得的新的技术成果。共同研制的各方要建立科学合理的知识产权制度，切实保障发明人的知识产权利益，激励科研人员

---

① 〔法〕皮特斯著. 航天市场营销 [M]. 邓宁丰，王克，史克录译. 北京：中国宇航出版社，2005：277.

② 《2011 年中国的航天》白皮书指出，自 2006 年以来，中国积极开展多种形式的国际空间交流，与多个国家、空间机构和国际组织签署多项和平利用外层空间的合作协定或谅解备忘录，积极开展多种形式的国际空间交流与合作，支持国际空间商业合作，双边、多边合作领域取得一系列积极成果。

的创新积极性，同时确保己方已有专利技术运用于合作项目时的知识产权利益。① 高技术风险使得进入共建共享阶段的中非航天贸易，在知识产权保护方面隐藏潜在的争议。航天技术是体现国家利益的高精尖技术，不仅有利于促进国民经济和科学技术的发展，对于国防军事能力的提高也具有重要意义。专利制度的特点在于"公开的垄断"，以公开技术成果的方式获得排他性的权利。发明人如要获得专利权的保护，则要在申请授权的过程中公开技术方案，中非航天贸易中的国防敏感技术本身不宜向社会公开，如果采用普通专利予以保护，则极有可能泄密，造成国家利益的重大损失②，因此，国防利益的保密性与知识产权的公开性之间存在矛盾。③ 各类政府主体和私营主体在中非航天贸易中的参与程度日益加深，技术信息共享过程中的任一环节均有可能造成技术和商业秘密的泄露。

其二，贸易政策差异性增加了中非航天贸易的风险。虽然近些年来非洲各国航天意识得到显著提高，国内航天市场快速增长，但是各国在资源禀赋、经济发展策略、航天工业基础和航天政策方面存在较大的差异。南非、埃及、尼日利亚、肯尼亚等国注重航天技术的转让和信息的共享，主张建立统一的非洲航天机构，并力图在非洲区域航天舞台中充当"领导者"角色，而其他非洲国家的航天事业刚处于起步阶段，偏重通过购买或租用的方式获得航天服务，并希望在本国航天能力建设的过程中保持独立自主，因此，各国在航天政策上存在一定的冲突，这间接导致非洲航天贸易合作一体化进展缓慢。各国在航天规划方面由于缺乏协调性，往往导致航天基础设施的重复建设，航天服务的重复覆盖，给中非航天贸易带来的风险是加剧了市场的无序竞争，造成资金的浪费，削弱航天企业盈利能力，不利于中非航天贸易的长期可持续发展。"尼星1号"失败后，中国在不增加尼日利亚成本的前提下，向其另行交付"尼星1R"卫星，但是截至目前，该星尚未在尼日利亚通信市场得到广泛商业应用，

---

① 知识产权制度与一国的经济发展水平和法律制度相适应，在外空探索国际合作中，由于各国经济法律制度和空间战略相去甚远，因此，外空知识产权制度也难以一致。

② 我国普通专利申请实行早期公开制度，根据《专利法》第34条规定："国务院专利行政部门收到发明专利申请后，经初步审查认为符合本法要求的，自申请日起满十八个月，即行公布。"虽然，我国专利法为早期公布提供了临时保护，但是申请人无权禁止他人实施因公布所知技术。

③ 蔡高强，刘功奇. 外空探索国际合作知识产权保护探析［J］. 北京理工大学学报（社会科学版），2016，（6）：119－124.

也未能取得经济效益，尼日利亚空间局意欲自尼日利亚通信卫星有限公司手中收回该卫星。①

非洲次区域组织在推动区域经贸一体化方面发挥了组织平台作用，有利于在航天贸易领域形成统一市场，通过与非洲次区域组织签署航天贸易协定，有利于扩大中非航天贸易的覆盖范围。同时应该看到，非洲一体化进程充满了不确定性，虽然东共体和南共体是非洲一体化进程较快的次区域组织，但是对于一体化的目标缺乏可靠的推动机制，在推动次区域内部航天政策和航天贸易一体化方面进展乏力。因此，推动中国与非洲次区域组织就航天贸易合作达成多边协议存在一定的风险性，且即便协定得以通过，但是次区域各成员国之间的贸易政策差异，会大大削减协定的执行效果，对于中国与次区域组织航天贸易项目的实施而言，各国难以协调的航天政策极易导致项目无法通过各国的协调行动顺利实施。

其三，航天商业风险是中非航天贸易重要的风险来源。法国著名航天管理学者皮特斯在其著作《航天市场营销》中，从技术方面、市场风险以及商业风险三方面讨论了航天风险评估方案，其中航天商业风险是指政治或经济因素所导致的风险。② 就中非航天贸易而言，航天商业风险是指，由于非洲国家领导人更换所带来的航天政策转向或航天贸易项目更迭，以及非洲国家政府航天预算更改所带来的贸易项目延迟或停滞的风险。非洲国家沿袭西方政治制度，在领导人产生制度上采用两党或多党制下的"轮流坐庄"制，由于党派之间的对抗关系，导致新任领导人当选以后往往摒弃前任经济政策。航天贸易是高投入、高敏感性项目，往往在非洲国家国家财政开支中占据较大份额，中国与刚果（金）所签"刚果1号"通信卫星合同总额3.2亿美元，约占刚果（金）2015年财政预算的3.4%，因此，航天项目较高的投入和效益显现的滞后性，致使其成为领导人削减开支、减轻财政赤字压力的重要对象。中非航天贸易对

---

① 当前尼日利亚国家空间研究发展局在通信卫星领域已取得一定成就和进展，尼当局希望该行业利益相关者积极介入和参与商业运营，共同开发尼通信、广播、宽带市场，为尼经济发展作出贡献。参见商务部网站 http：//nigeria. mofcom. gov. cn/article/e/u/201508/20150801091420. shtml. 2022－2－12 最后访问。

② 〔法〕皮特斯著. 航天市场营销［M］. 邓宁丰，王克，史克录译. 北京：中国宇航出版社，2005：160.

于非洲国家而言属于纯粹依赖预算开支的贸易种类,"宏观经济环境,或政治格局变化,甚至政府内部的变更,都会使其优先权突然发生转变,当执政者需要一个新的形象产品,而不是去继续支持前任所规划的产品的应用时,这些长期应用计划就会受到搁浅"。① 此外,中国目前与非洲国家所开展的航天贸易主要以非洲政府市场为主,尚未进入非洲私营市场,政府市场在规范化要求上更加严格,往往增加质量标准、当地回报方面的附加规定,而中国航天标准如若无法实现与非洲所采用之西方标准互相兼容,则进一步增加了贸易过程中的不确定性。

6.2.2 建立中非航天贸易风险管控机制的措施

中非航天贸易的风险来源是多样化的,既有来自贸易本身的技术风险,也有来自外部政策环境所带来的商业风险,因此,构建中非航天贸易风险防范机制需要从风险预防与风险应对两个层面采取多种措施,具体而言可以从以下方面着手。

首先,建立航天贸易政策协调机制。虽然中非航天贸易存在互补性,中国航天产品及服务适应了非洲航天需求,但是在航天贸易政策上双方之间尚未能实现良好的协调。如前文所述,虽然近些年来中国航天政策中增加了有关民用航天发射登记、发射许可证以及航天技术进出口管理规定,但是缺乏有关发展对非航天贸易的政策文件。在中国发布的诸多对非科技合作文件中,也均未将中非航天贸易纳入其中,各有关航天贸易和航天应用部门在对非航天经贸合作上呈现"各自为战"局面。非洲国家虽然出台了相应的航天促进法规,但无论是在总体规划中,还是在项目配套法案中均未能就中非航天贸易项目作出规定。而非洲各国之间以及非洲区域组织在航天政策方面亦存在较大的差异,甚至存在冲突。因此,为推动非洲航天贸易政策一体化,为中非航天贸易创造良好的政策环境,中非双方需联合建立航天贸易政策协调机制,其职能有二,一是梳理协调中国和非洲国家现有航天合作协议和航天合作项目,促进中国航天政策与非洲各国及次区域组织航天项目对接;二是推动非洲区域内部,尤其是

---

① 〔法〕皮特斯著. 航天市场营销〔M〕. 邓宁丰,王克,史克录译. 北京:中国宇航出版社,2005:94.

中非航天经贸合作重点国家和重点次区域组织之间的航天贸易政策趋同化，推动非洲次区域组织将航天贸易经贸政策一体化纳入区域经济一体化进程，在区域对外航天经贸合作上采取集体行动，从而避免航天贸易项目的无序竞争，提高航天资源的利用效率。

航天贸易政策协调机制的构建应坚持共建共享原则。协调机制应采取平等协商的方式，由来自中国与非洲国家或非洲次区域组织的政府代表人员共同组成，组成人员的构成应具有多样性。协调机制的构成人选应吸纳来自中非航天主管部门、经贸部门以及大型国有航天企业参与其中，上述部门是航天贸易政策的主要制定者和利益攸关方，也应该是推动航天贸易政策互相协调的主要力量。目前，就建立中非航天贸易政策协调机制签署专门的协定存在较大的困难，有关协调机制的内容也不宜通过双边或多边协定予以固定。

为保持政策协调机制的灵活性，应充分利用中非航天贸易国际合作机制，推动将中非航天贸易政策协调纳入中国与非盟以及其他次区域组织航天贸易合作中，在框架协议和专项合作协定中规定建立航天政策协调机制。由于组成成员来自非盟以及其他次区域组织及其成员国，因此，航天贸易国际合作框架下的中非航天贸易政策协调机制，能有效地发挥其政策协调作用。任何国家的航天贸易政策都具有一定的稳定性，航天贸易政策的调整将经历较为复杂的立法论证过程，因此，中非航天贸易政策协调机制不需要组建常设性的办事机构，但应规定在适当的时候召开协调会议，如规定每两年召开一次会议，或根据航天贸易项目的实施需要召开会议。协调机制会议可以在中非合作论坛科技、法律分论坛下召开，同时建立协调机制与中非经贸联委会的工作对接机制，经贸联委会应就其所掌握之航天贸易实施情况向贸易政策协调机制会议提交报告。

其次，建立中非航天贸易信息保密制度。中非航天贸易中的大量高新技术对于双方在高科技领域保持核心竞争力、维护国家安全与重大社会经济利益具有战略性"稳定器"作用，航天技术的军事价值和科技价值远超其本身的经济价值，航天贸易中的高技术性及军民两用性带来了中非航天贸易的高敏感性。由于技术出口实际上是一种技术水平、制造能力和发展能力的出口，为防止航天技术泄露，航天贸易中的各方均对航天技术及服务的进出口给予严格的控制。① 中非航天贸易中技术信息和商业信息对于技术安全和航天产业发展具有重要意义，随着越来越多的私营实体参与中非航天贸易，这无疑扩大了合作共研中的技术信息和商业信息的接触面，带来潜在的敏感信息泄露风险。敏感技术和商业信息宜采用保密制度予以保护，这是因为知识产权保护的本质在于"公开的垄断"，而这无疑会破坏敏感信息的秘密性要求。

建立贸易信息保密制度的前提，在于对各类航天信息进行科学的分层管理，为此中非航天贸易为此可以建立信息保密清单制度，即中国与非洲非洲各国在航天贸易协定中，以附件的形式将航天贸易列为两种类型：第一类是可自由进行的、仅需备案登记的航天技术及其产品或服务贸易，对于此类贸易信息由贸易各方自行决定是否纳入保密范畴；第二类是审批前置的涉及国家或区域安全、合同标的巨大或尖端技术的重大航天贸易，此类贸易信息属于严格保密的信息。对于第二类需严格保密的信息，应通过加强合同管理的方式落实保密要求，双边航天贸易合作协定应该设定强制性条款，将保密条款作为合同的基本条款，并要求航天贸易企业在航天贸易合同中列明保密信息种类和范围，明确各方的保密义务和相应的法律责任。航天贸易主管部门应介入保密条款的审查，将航天贸易保密条款纳入航天贸易项目审批的评估内容，避免重大技术信息和商业信息的泄露。

再次，进一步发挥航天贸易保险作用。② 安全性与可靠性成为非洲国家开展航天贸易的主要考量因素。中国的长征五号火箭被人乐道的优势，在于其火箭运行的安全性能极佳。随着航天贸易的进一步商业化、民营化，航天企业追求低成本的航天产品和服务供给，然而是否能保障航天活动的安全则存在疑问。Space X "猎鹰 - 9" 曾在执行发射任务时发生爆炸，仅对其所搭载的卫星即造成多达两亿美元的损失，欧洲明星火箭 "阿里安" 号也曾在执行发射合

---

① 美国推动西方国家制定《关于常规武器与两用产品和技术出口控制的瓦森纳协定》（简称为《瓦森纳协定》），要求缔约国遵守三大防扩散集团性制度的不扩散政策、控制清单或准则，实行完全有效的出口控制制度。《瓦森纳协定》是西方国家规制航天出口贸易的主要规范之一，其在包括航天技术在内的高技术出口贸易领域附加了大量的政治条件，将政治博弈与航天贸易互相绑定，凸显了航天贸易的高敏感性。

② 航天和保险原本是并不相干的两个领域，但基于航天器固有的高投资、高风险属性，要想吸引社会资本开展商业化运作就必须建立起一套行之有效的风险损失管控机制。参见李华栋. 商业航天的护身符—航天保险浅析 [J]. 国际太空，2017（3）：33 - 36.

同时发生多次爆炸。① 中国与非洲各国航天贸易法律机制中应该增加航天保险内容，规定在航天贸易许可证申请和审批的过程中，当事方应该进行风险评估，许可证申请人应该购有责任保险，并且保险和责任能力足以补偿当事方或第三方因航天贸易活动而造成的死亡、人身伤害、财产损失，考虑到航天贸易活动极高的风险极易带来巨额损失，应适当规定保险赔付的最高限额。② 航天保险合同中，承包方需根据投保方技术资料和商业信息进行风险评估，因此，基于信息保密的考虑，中国与非洲国家签订航天贸易合同时，应该明确规定由中国保险公司承揽保险业务。

中非航天贸易既是推动中国航天"走出去"参与国际竞争的重要举措，也是"一带一路"空间信息走廊建设的重要组成部分，对于实现中国"航天强国"战略具有重要的战略意义。航天保险可以划分为商业保险和政府调控保险，现阶段，鉴于中非航天贸易的重要性和国有企业为主要参与者的现实，应将中非航天贸易保险纳入政府调控保险中，赋予中国航天保险承保方明确的保险义务，在同等风险系数下，中国航天承保方应优先为中非航天贸易提供保险服务。基于权利与义务相平衡的原则，为提高承保方的积极性，应根据承保方在中非航天贸易中的承保贡献，赋予其在商业航天保险中同等条件下享有优先承保权，从而获取商业保险较为可观的利润。③ 中非航天贸易保险应设置为强制保险，这并不是规避政府在航天产业发展中的所应承担的责任，恰恰相反的是，政府应设立航天基金为超过航天保险最高限额的部分或保险未覆盖到的部分提供兜底保障。④

---

① 参见人民网 http://scitech. people. com. cn/n1/2016/0907/c1007 - 28696304. html. 2022 - 2 - 2 最后访问。

② 任自力. 论中国航天保险法律制度的完善 [J]. 北京航空航天大学学报（社会科学版），2009（03）：52 - 56.

③ 尹航，李易青，李杜. 航天活动中保险联合体的法律问题探析 [J]. 国际太空，2018（3）：50 - 54.

④ 为推动重大技术装备创新应用，财政部、工信部和保监会共同出台的《关于开展首台（套）重大技术装备保险补偿及时试点工作的通知》（简称《首台（套）政策》）提出，对于列入《首台（套）重大技术装备推广应用指导目录》（简称《目录》）的重大技术装备特殊风险，由保险公司提供定制化的首台（套）重大技术装备综合险、承保质量风险和责任风险。当前，航天类重大技术装备尚未列入《目录》中，相关航天企业还未能享受到该政策优惠。参见周华，姜明文，王坤. 我国航天保险发展研究 [J]. 中国航天，2017（6）：46 - 48.

最后，将风险应对纳入国民待遇条款。尽管贸易政策协调机制和信息保密制度有助于防范风险，但是考虑到中非航天贸易风险的复杂性，仍有必要将风险应对机制规范化。因此，应在中国与非洲国家、非洲次区域组织航天贸易协定中设定国民待遇条款，规定一旦协议当事方国内出现战乱、领导人更迭或经济发展陷入严重困境，应给予中非航天贸易项目以国民待遇，即缔约一方的贸易商因缔约另一方境内发生的战乱、重大政策调整或经济困境而遭受损失或有遭受损失可能时，另一方应当给予该贸易商以不低于其给予本国贸易商或其他最惠国贸易商的待遇①，从而解除中非航天贸易风险应对的"后顾之忧"。

6.3 构建中非航天贸易纠纷解决机制

随着中非航天贸易进入共建共享阶段，航天贸易的内容和形式不断丰富，航天贸易覆盖面和规模将不断扩大，航天贸易纠纷也将随之进入高发期。因此，在中非航天贸易合作过程中，构建中非航天贸易纠纷解决机制既重要又紧迫。

6.3.1 中非航天贸易纠纷具有独特性

与中国与非洲国家间普通贸易纠纷不同的是，中非航天贸易由于涉及大量高新技术，且贸易合同额动辄上亿美元，这带来了中非航天贸易纠纷的敏感性、纠纷解决的时效性以及复杂性特性，从而需要构建一套与之相适应的纠纷解决机制。

（1）中非航天贸易纠纷具有敏感性

正是因为中非航天贸易纠纷中涉及大量的高新技术，且贸易合同额巨大，带来了航天贸易纠纷具有高度敏感性的特点。这种敏感性主要体现在两个方面，一是削弱中非航天贸易的示范性作用。中国航天贸易作为"后起之秀"参与世界商业航天市场起步晚，面临来自欧美等航天强国的激烈竞争甚至排

---

① 张泽忠．新时期中非经贸合作机制研究：基于国际经济法的视域［M］．上海：上海人民出版社，2013：182.

挤。作为中国航天企业开展贸易投资的重点方向，欧美国家在非洲卫星及零部件进口、服务租赁、应用产品开发方面具有先发优势，中国航天企业在克服竞争劣势赢得的贸易合同，若因为法律在纠纷解决方面的"失能"而停滞，势必削弱中国航天企业的市场竞争力，非洲作为中国航天出口的"样板"作用也无从发挥，进而给中国航天企业参与世界航天市场竞争带来不利影响。二是极易打击非洲国家与中国开展航天贸易的积极性。非洲是发展中国家最集中的大陆，国民经济和财政收入水平低，斥资巨大的航天贸易项目若因为纠纷得不到合理解决而造成拖延或中止，将严重打击非洲国家开展航天贸易、发展空间科技项目的信心和热情。中非航天贸易往往被纳入政府对非重大贸易项目，并在政府主导下签订航天贸易合同，体现着中非双方推进贸易转型升级、深化两国空间技术合作的努力，因此及时有效地解决该领域出现的纠纷对于中非贸易和技术合作的大局亦具有重要影响。

(2) 中非航天贸易纠纷解决讲求时效性

航天贸易合同涉及大宗设备的进出口、许可生产、研制发射和高新技术的转让，资金投入巨大且后期维护费高昂，与其他类型贸易相比，航天贸易标的额巨大动辄数亿美元，而导致航天贸易纠纷标的额也随之水涨船高。这一点在中非航天贸易纠纷中体现得尤为明显，非洲国家航天工业基础薄弱，在技术储备、人才培养、资金支持等方面面临较大的困境，就中非之间已有航天贸易项目来看，中方不仅向非方出口卫星、地面设备、加工机械等产品，还负责非方人员培训、设备安装维护、技术转让等事宜，甚至合作项目的资金也来自中方优惠贷款，中非间航天贸易是从产品到技术、服务、能力建设的全面合作，贸易成本巨大。如此巨额的贸易往来，一旦面临纠纷，前期投资以及与其利益将会受到巨大损害，因此对中非双方的纠纷解决机制提出了严峻考验。中非航天贸易纠纷的解决需要得到快速有效的解决，来避免导致双方的巨额损失。

(3) 中非航天贸易纠纷影响具有广泛性

航天技术属于尖端科技，涉及材料、信息通讯、动力、自动控制、精密加工等领域诸多高新技术。因此，中非航天贸易突破了中非间传统贸易技术含量低的局面，而成为中非高技术贸易的重要组成部分。相应地，中非航天贸易纠纷势必涉及大量的高新技术，在卫星出口、地面设施建造、技术转移、技术应用等任一领域发生纠纷都将对高新技术的保密与管控、知识产权保护带来严重的影响，如若纠纷不能得到合理解决，则势必造成知识产权保护的不稳定性，增加商业敏感泄露的风险。中非航天贸易产品的技术复合型带来了中非航天贸易纠纷的复杂性特点。

6.3.2 构建中非航天贸易纠纷解决机制应遵循的原则

中非航天贸易纠纷解决机制的构建需公正且合理，针对中非航天贸易特点进行价值选取和制度安排。中非航天贸易纠纷解决机制的构建旨在为中非航天贸易提供可靠性和可预测性的保障，因此，在构建过程中，应当遵循以下三个原则。

（1）合法性原则

"合法性"一词来源于拉丁文（Legitimus），有"合法""正义""正当"之意。起初指的是"根据一种假设的中间标准或原则，这种原则的客观性被看作是不受现有评论界或命令与服从的关系所支配的"。① 最初，"合法性"是服务于政治统治的工具，随着理论的发展，"合法性"开始出现在对国际机制的研究当中。

一个具有"合法性"的国际机制，其建立、运行、修正以及演进过程都由众多国家参与完成，这些国际机制的宗旨、原则、实体规则以及程序规则被成员方认可，且这些文件都已经得到成员方的承认。② 由此可见，国际机制的合法性首先体现在成员方的认可以及执行。依据中非航天贸易国际合作法律机制的理论铺陈，该机制的合法性即参与方之所以自愿地承认位于该机制下的规范体系，根本原因在于参与方之间的相互认同。

因此，鉴于中非航天贸易纠纷的涉敏性，在构建中非航天贸易纠纷解决机制的过程中，应当注重两个方面利益的整合，一方面是整合中国同非洲国家以

---

① 门洪华. 论国际机制的合法性 ［J］. 国际政治研究，2002（01）：131 – 138.

② Stein A A. Coordination and Collaboration：Regimes in an Anarchic World ［J］. International Organ-ization，1982，36（2）：299 – 324.

及非洲各组织之间的利益，另一方面是整合中非与全球其他国家和地区之间的利益。在构建争端解决机制过程中，秉持公正、合理的价值取向，不偏不倚地对纠纷双方的贸易利益进行保障。同时，在纠纷解决机制运行的过程中，坚持善意原则，保证裁决的合法性。如此一来，才能使得贸易纠纷解决机制不仅仅得到参与方的认同，同时也能提高其在其他国家和地区的合法性认同，为机制的顺利运行提供良好的外部环境。

（2）效率原则

作为物理学上的概念，"效率"一词在引入法学领域后，被赋予了新的含义。从法律层面来说，效率是指法律规则的制定以及实施成本与其所能实现的结果之间的比例以及法律对整个社会资源配置所能达到的效果。[①] 效率原则在法律适用过程中体现在行为体以最小的法律成本使得所获取的法律目标最大化。效率是法律作用的目标之一，也是评价法律作用积极与否的标准之一。[②]

在国际机制中，效率被认为是维持机制合法性的重要保障。争端解决机制的效率原则要求其制度构建注重保障纠纷解决的顺利进行和提高纠纷解决效率。在争端解决的过程中，注重各个主体之间的相互配合，程序上实现程序的协调、迅速、便利，程序安排力求紧凑，注重其可操作性。在中非航天贸易产品纠纷呈现出的时效性要求构建一个能够客观、迅速地解决争议的机制，从而确保争端双方的利益得到最大程度的保障。

（3）专业性原则

航天贸易纠纷的复杂性决定了针对此类纠纷所构建的解决机制需要秉持专业原则。航天贸易产品不管是货物还是服务贸易产品都是产品提供者智力活动的凝结，具有很强的专业技术性，不同的航天技术类型对技术要求的层次不尽相同。因此，在解决航天贸易争议中，存在大量需要厘清的专业技术问题。与普通的国际贸易纠纷案件相比，航天贸易纠纷客体与技术问题的联系相对紧

---

① 王成栋. 论行政法的效率原则 [J]. 行政法学研究，2006（2）：24 – 28＋126.

② 徐显明，胡秋江. 法理学教程 [M]. 北京：中国政法大学出版社，1994：114.

密，由此呈现出法律问题与专业问题高度融合的特征。另外，航天服务贸易的客体具有无形性，"依赖法律对权利范围和内容作出界定，而这些与治理创造产品相关的法律往往具有相当程度的技术含量，只有那些具有相关技术和法律背景的专业人士才能充分理解并握。"[①] 因此，航天科技领域专业人员的介入，对明确航天产品的权利范围以及侵权行为的认定具有重要作用。因此，在构建中非航天贸易纠纷解决机制的过程中，需要注重纠纷机构人员组成的专业性，以保证争端的正确解决。

6.3.3　构建中非航天贸易纠纷解决机制的举措

构建中非航天贸易纠纷解决机制应立足于中非航天贸易纠纷的独特性，实现纠纷解决方式的多元化，充分发挥协商谈判、仲裁在纠纷解决中的独特优势，同时构建符合中非航天贸易发展特点的航天贸易争端仲裁庭，并提高仲裁裁决的执行力。

（1）构建国家间航天贸易纠纷解决的多元化机制

和平解决国际争端作为一项国家法原则已经得到国际社会的广泛认可和积极适用，在此原则基础上形成的争端解决机制提倡不论是国家之间的纠纷、个人与国家之间的纠纷还是平等商事主体之间的纠纷，都应该采取和平的方式解决。和平解决争端的方式分为两种，一种是通过诉讼解决当事方之间的争端，另一种是通过仲裁、协商、谈判等非诉方式解决争端。在国际机制的实践中，前者以欧盟法院为代表，后者以 WTO 争端解决机制以及国际投资争端解决中心为代表。

中非之间的航天贸易合作机制坚持以平等互利、共建共享、国家参与为基本原则，以承认国家主权为合作理念，其根本目的在于通过中非之间的合作实现双方的共同发展。根据中非航天贸易的主体差异，可将中非航天贸易分为国家间航天贸易和私营主体间航天贸易（后文论述），前者主要表现为中国与非洲国家政府依据双方签署的航天贸易协定所开展的航天贸易活动，中国与非洲国家政府直接参与航天贸易活动，分别为协议当事方。尽管在各国国内，政府

往往将此类航天贸易项目交由本国航天企业实施，通过政府直接采购或者招投标的方式，完成政府间航天贸易协议所规定的内容，但是在对外关系上，政府为协议的当事方，而非其国内航天企业。

中非政府间航天贸易充分体现了"合作共赢、共同发展"的贸易宗旨，其航天贸易纠纷应优先采取协商的方式予以解决，动辄诉诸司法解决程序，不仅不利于航天贸易纠纷的及时解决，同时也对中非友好关系和航天贸易的进一步开展带来消极影响。通过政府协商解决中非政府间航天贸易纠纷，应充分发挥中非经贸联委会机制。经贸联委会机制本身即具有协商解决贸易纠纷的职能，改造后的经贸联委会吸纳了来自航天工业界的代表参加，同时会议机制也更加完善，应在政府间航天贸易协定中明确规定纠纷解决条款，推动经贸联委会成为解决中非政府间航天贸易纠纷的协商平台，若通过协商方式难以解决纠纷，则可通过现有 WTO 争端解决渠道予以解决。

因此，当在中非航天贸易过程中发生纠纷时，中非双方应当首先秉持平等互利、共建共享的原则通过磋商、协商和谈判的方式解决争端。通过外交途径磋商解决航天贸易纠纷应是中非政府间航天贸易协议的标配条款，磋商解决航天贸易纠纷应该贯穿政府间航天贸易纠纷解决的全过程，即使纠纷案件进入司法管辖程序，仍可随时选择通过磋商解决纠纷事项。这不仅仅是和平解决国际争端这一原则的体现，同时也符合中非航天贸易的根本目的，即通过中非航天贸易合作实现中非航天产业的共同发展。中非之间的航天贸易往来建立在中非传统友好关系的层面，合同总额大，敏感性强，不仅是中国航天国际化的重要途径，也是非洲国家实现本国航天科技进步的重要举措。航天贸易一旦产生纠纷，极有可能涉及双方国家利益，此类纠纷的解决将关系到中国与非洲国家之间的良好合作伙伴关系，有别于诉讼和仲裁解决方式，通过磋商、协商和谈判等实现双方利益和诉求的统一的纠纷解决方式，有利于为中非之间航天贸易纠纷提供相对友好的解决氛围，维系中非友好关系，实现双方进一步合作。

除此以外，仲裁也是解决中非航天贸易争端的另一选择。其应该成为中国与非洲国家航天贸易协定中解决航天贸易纠纷的标准配备。一方面，航天贸易纠纷具有高技术、高敏感性的特点，其对保密性的要求非常高，相对于诉讼来说，仲裁的保密性更高，有利于保护核心商业信息和技术。另一方面，仲裁耗时较少、程序简单，在法律选择、仲裁员任命等方面为当事人提供了较大选择自由, 具有传统诉讼所不具备的优势。[①] 通过仲裁解决航天贸易纠纷不仅能有效地规避东道国法律体系复杂、程序冗长、司法腐败、保护主义等不利司法环境, 而且能快捷地解决纠纷, 避免案件久拖不决。[②] 因此, 构建一个磋商前置、仲裁为主且谈判和协商等非诉讼解决方式贯穿始终的争端解决机制, 能够在充分尊重争端双方主权的前提下, 保障纠纷的顺利解决, 仲裁机构可由中非双方政府指定的人员组成, 组成人员须为具有航天科学知识背景和国际法律背景的综合素质人才, 并共同选择首席仲裁员, 同时可根据中非政府间航天贸易的进展情况, 仲裁机构不一定以常设方式运行, 而可根据贸易项目的实施情况, 临时组建, 某种意义上而言, 此种仲裁机制是在政治和外交框架内运行的。

(2) 构建私营主体间航天贸易纠纷解决的仲裁机制

中非私营主体间航天贸易活动为纯商事行为, 是中非航天贸易在航天商业化、私营化背景下的发展趋势, 未来将成为中非航天贸易的主要形式。政府将不再直接参与航天贸易活动, 而主要推动搭建各类航天贸易平台和机制, 并承担相应的监管职能, 从而呈现 "政府搭台、航天企业唱戏" 的航天贸易局面。私营主体间航天贸易纠纷的解决是构建中非航天贸易纠纷解决机制的主要内容, 中非之间的航天贸易现阶段虽然具有其他贸易形式所不具备的特殊性, 因此将中非航天贸易提交至已有的仲裁庭, 由于仲裁庭仲裁人员专业背景的限制, 其纠纷无法得到妥善的解决。因此, 建立有别于一般仲裁庭的机构专门解决中非航天贸易纠纷很有必要。

首先, 应探索设立中非航天贸易纠纷仲裁庭。为有效解决中非商业往来所出现的经贸投资争议, 2015 年 12 月由中非合作论坛成员国召集成立了中非联合仲裁中心, 其成立的目的是为中非间商业基础设施建设、贸易以及投资提供法律安全保障。中非航天贸易作为中非贸易的一种特殊类型, 其纠纷解决可以依托中非联合仲裁中心进行。在中非联合仲裁中心框架下, 针对中非航天贸易

① Won Kidane. China – Africa Dispute Settlement The Law, Economics and Culture of Arbitration [J]. Kluwer Law International BV. 2012, 12 – 17.
② 朱伟东, 中非双边投资条约存在的问题及完善 [J]. 非洲研究, 2015 (1): 14 – 19.

纠纷的特殊性，设置专门的中非航天贸易纠纷仲裁庭来解决此类纠纷具有可行性。在中非航天贸易争端仲裁庭的仲裁员配备上，可以在中非联合仲裁中心现有的专家名单基础上增加具有航天贸易领域专业知识的人员。争端双方在选择仲裁员时，可以合意选择 1 到 2 名具有专业知识的仲裁院与其他的仲裁员共同组成仲裁庭，仲裁院人数以 3 名或者 5 名为宜。

其次，赋予中非航天贸易纠纷仲裁庭以强制管辖权。如前文所述，中国与大多数非洲国家签订双边经贸协定，同时也都加入了许多经济合作组织，因此，在解决航天贸易纠纷的时候，难免会面临争端解决机构之间管辖权冲突的问题。由管辖权冲突带来的平行诉讼，会提高争端当事国的诉讼成本，对这些争端解决机构来说，也是一种司法成本的浪费。另外，由平行诉讼产生的诉讼结果之间的差异，会对争端解决机构的合法性造成损害，不但不利于纠纷的解决，还有可能使争端双方产生新的摩擦。因此，以协定的方式，赋予中非航天贸易争端仲裁庭以排他管辖权十分必要。

赋予中非航天贸易争端仲裁庭以排他管辖权所依据的理由有二。第一，中非航天贸易争端仲裁庭的建立具有合法性。该仲裁庭虽然是中非联合仲裁中心的下设机构，然其是依据中非航天贸易合作法律机制规则专门针对中非航天贸易纠纷设置的争端解决机构，即该机构的成立是中国与非洲国家以条约的形式达成合议而建立的。对此类管辖权作为国家主权的一部分，经由缔约方的同意授予中非航天贸易纠纷仲裁庭，是一种"契约授权"的行为。第二，相较于其他的纠纷解决机构，中非航天贸易争端仲裁庭相对于其他仲裁庭来说，更有利于中非航天贸易争端的解决。相较于国内法院来说，中非航天贸易争端仲裁庭具有高效、专业的优势。案件的积压、审判期间的冗长以及司法腐败现象的大量存在使得非洲各国的国内法院无法胜任中非航天贸易纠纷的解决。而非洲一些组织的区际法院，由于其管辖范围的狭隘以及对"用尽当地救济"的严苛解释，使得中非航天贸易争端无法得到及时的解决。另外，相对其他仲裁庭而言，中非航天贸易争端仲裁庭的专业性，能够更好地保障中非航天贸易纠纷得到正确的解决。

最后，提高仲裁庭仲裁结果的执行力。裁决的承认与执行是纠纷解决结果的最终体现，各国对国际仲裁裁决的承认与执行方式一般通过三种方式进行规定，即本国的仲裁法、签订双边条约以及加入多边条约。目前，与我国签订了此种双边条约的非洲国家仅有摩洛哥、阿尔及利亚、突尼斯、埃及以及埃塞俄比亚五个国家。与我国同时为《纽约公约》缔约国的非洲国家数量，截至2018年4月已经达到36个。不管是双边体制还是多边体制，目前都不足以完全保障中非航天贸易争端解决结果的执行度。但是，作为多边条约的《纽约公约》，为外国仲裁裁决的承认和执行规定了十分有利的条件，根据公约的规定，拒绝承认和执行外国仲裁裁决的理由必须十分明确，且此条款的援引被严格加以限制。因此，中国在与非洲国家以及次区域组织进行航天贸易国际合作过程中，应当积极推动未参与《纽约公约》的国家加入该多边体制，以确保中非航天贸易争端仲裁庭所做的裁决在争端双方得到承认与执行，真正发挥仲裁庭在中非航天贸易纠纷解决中的独特作用。

结　语

　　中非航天贸易是随着中国与非洲国家经贸合作关系不断深入而发展起来的，中非贸易结构不断改善，大型成套设备和高技术设备、技术转让成为中非贸易新的增长点。在这一大背景下，中非航天贸易作为高技术贸易，成为中非贸易转型升级的重要代表，中非航天贸易不仅适应了非洲国家发展本国航天产业，建设本国空间能力的需求，也是中国航天国际化和商业化的重要实现途径，就对非洲整体而言，中非航天贸易的深入发展，有利于助推非洲实现作为《2063愿景》旗舰计划的非洲航天计划。因此，无论从微观还是宏观的角度而言，中非航天贸易有利于促进中非双方在航天领域的共同发展，对于中国与非洲参与世界空间探索与利用全球治理亦具有重要的意义。与欧美国家对非航天贸易所不同的是，中非航天贸易立足于中非传统友好关系，是中非传统友好关系在高技术经贸领域的体现，而欧美国家对非航天贸易以垄断市场，封锁技术，谋求最大利润为追求，并且对航天贸易施加了诸多的政治前提条件，在欧美对非航天贸易中，非洲只是充当了一个单纯的被动接受者的角色，而从未以一个平等的贸易伙伴的身份呈现，这从欧美对非航天贸易昂贵的价格可见。

　　为阻碍中非航天贸易的进一步发展，欧美国家，尤其是美国不仅通过国内立法制定严格的对华卫星及其零部件进出口歧视政策，还通过"瓦森纳安排""MTCR"等多边出口控制机制对中国以及广大的非洲发展中国家实施孤立政策，中国与大多数非洲国家被排斥于国际多边出口体制之外，中非航天贸易在国际层面面临西方国家利用国际规则进行打压。航天贸易作为高技术、高敏感性的贸易类型，各国尤其是各航天强国均对其贸易行为进行一定的限制，时至今日，国际法层面依然难以为中非航天贸易提供完整的法律保障，《国际技术转让行动守则（草案）》虽然早在二十世纪八十年代即已出台，但是由于发达国家对于发展中国家所提出的有关促进向发展中国家技术转移的规定持反对态度，导致《国际技术转让行动守则（草案）》一直未能生效。

在国内法层面，中国与非洲国家同为世界航天舞台的后来者，虽然中国航天科技相较而言比非洲国家先进，但是中国至今尚未能制定本国的航天法，商业航天进展也充满挑战，国有航天企业依然承担了商业航天的主要角色，国内有关民用航天立法依然停留在"规章治天"的阶段，大量的部门规章分散在国务院各个部门规章中，不仅效力层级低，而且更新速度缓慢，"暂行规定"成为规范航天贸易的长期有效的主要法律依据。在非洲国家的国内航天立法方面，由于航天事业起步晚，再加之航天产业高技术、高投入门槛，导致航天产业发展较为缓慢，继而造成航天立法落后于世界其他国家，总体而言非洲国家的航天法治化水平是落后世界平均水平的。但是应该看到的是，非洲国家在与区域外航天强国开展航天贸易合作方面却表现得较为积极，一些非洲国家也逐步出台了有关促进航天产业发展、提高航天能力建设的法案，在这方面，南非、埃及、尼日利亚等国表现较为突出，但在商业航天以及航天贸易方面缺乏完善的法律保障机制，因此，无论是从国际法层面还是从国内法层面都难以为中非航天贸易提供完整的法律保障机制。中非航天贸易立足于中非传统友好关系，以实现中非航天领域共同发展为宗旨，也是中国与非洲国家参与世界航天治理，扩大空间探索与利用话语权的途径，迫切需要为中非航天贸易构建一套符合自身需求的法律保障机制。

构建中非航天贸易法律保障机制，应从健全中非航天贸易国际协定法律机制、构建中非航天贸易国际合作法律机制，以及构建中非航天贸易法律保障机制三个角度出发。完善中非航天贸易国际协定法律机制，是建立在对中非双边和多边贸易协定进行详细分析的基础上，通过增补航天贸易条款，推动联合国框架下航天贸易法律机制的公平化和规范化，推动"空间信息走廊"沿线国家航天贸易一体化，力图为中非航天贸易构建完整的国际协定机制，可以说在三种法律机制的构建过程中，中非航天贸易双边法律机制在整体上具有更大的可行性和更高的成功率，应该成为中国与非洲国家将来一段时间努力的主要方向。同时随着"一带一路"空间信息走廊建设的不断推进以及世界航天规则体系的新一轮博弈，中国与非洲国家应抓住机遇，借鉴中非航天贸易双边法律机制建设的成功经验，充分利用非洲区域现有航天贸易国际合作机制，扩大航天经贸合作，并破除西方航天强国的歧视性政策，从而为中非航天贸易的进一步发展构建法律保障机制，扩大国际航天规则制定的话语权。

参 考 文 献

一、中文类

著作

［1］贺其治. 外层空间法［M］. 北京：法律出版社，1992.

［2］贺其治. 国际法和空间法论文集［M］. 北京：中国法学会，2000.

［3］贺其治，黄慧康. 外层空间法［M］. 青岛：青岛出版社，2000.

［4］周鲠生. 国际法［M］. 北京：商务印书馆，1981.

［5］〔荷〕盖伊斯贝尔塔·雷伊南. 外层空间的利用与国际法［M］. 谭世球译. 上海：上海翻译出版公司，1985.

［6］〔波〕曼弗莱特·拉克斯. 外层空间法［M］. 郑衍杓，秦镜，许之森译. 上海：上海社会科学院出版社，1990.

［7］〔意〕Marco Pedrazzi. 国际空间法教程［M］. 赵海峰，吴晓丹译. 哈尔滨：黑龙江人民出版社，2006.

［8］赵海峰. 空间法评论（第一卷）［M］. 哈尔滨：哈尔滨工业大学出版社，2006.

［9］凌岩. 国际空间法问题新论［M］. 北京：人民法院出版社，2006.

［10］赵云. 外空商业化和外空法的新发展［M］. 北京：知识产权出版社，2008.

［11］尹玉海. 航天开发国际法律责任研究［M］. 北京：法律出版社，2004.

［12］尹玉海. 国际空间立法概览［M］. 北京：民主法制出版社，2005.

［13］尹玉海. 美国空间法律问题研究［M］. 北京：民主法制出版社，2007.

［14］薄守省，高国柱. 航空航天产品、技术与服务贸易法律问题研究［M］. 北京：法律出版社，2010.

［15］赵海峰. 空间法评论（第二卷）［M］. 哈尔滨：哈尔滨工业大学出版社，2008.

［16］杨彩霞，高国柱. 欧洲空间政策与法律问题研究［M］. 北京：中国政法大学出版社，2011.

［17］洪永红，夏新华. 非洲法导论［M］. 长沙：湖南人民出版社，2000.

［18］何勤华，洪永红. 非洲法律发达史［M］. 北京：法律出版社，2006.

［19］〔美〕威廉·托多夫. 非洲政府与政治［M］. 肖宏宇译. 北京：北京大学出版社，2007.

［20］〔美〕辛普森. 第三世界的法律与发展［M］. 洪范翻译小组译. 北京：法律出版社，2006.

［21］朱伟东. 非洲涉外民商事纠纷的多元化解决机制研究［M］. 湘潭：湘潭大学出版社，2013.

［22］罗建波. 非洲一体化与中非关系［M］. 北京：社会科学文献出版社，2006.

［23］舒运国，张忠祥. 非洲经济发展报告（2013—2014）［M］. 上海：上海人民出版社，2014.

［24］沐涛. 南非对外关系研究［M］. 上海：华东师范大学出版社，2003.

［25］毕克新，李婉红. 国际科技合作知识产权保护与对策研究［M］. 北京：科学出版社，2012.

［26］李顺德，闫文军. 知识产权与科技法律探索［M］. 北京：科学出版社，2013.

［27］李明德. 知识产权法［M］. 北京：法律出版社，2008.

［28］胡平仁. 法理学［M］. 长沙：湖南人民出版社，2008.

［29］李兆阳. 高新技术知识产权的保护和产业化［M］. 北京：华夏出版社，2002.

［30］浙江师范大学非洲研究院. 非洲研究（2010 年第 1 卷）［M］. 北京：中国社会科学出版社，2011.

[31] 浙江师范大学非洲研究院. 非洲研究（2011 年第 1 卷）［M］. 北京：中国社会科学出版社，2012.

[32] 浙江师范大学非洲研究院. 非洲研究（2011 年第 2 卷）［M］. 北京：中国社会科学出版社，2012.

[33] 浙江师范大学非洲研究院. 非洲研究（2013 年第 1 卷）［M］. 北京：中国社会科学出版社，2013.

[34] 浙江师范大学非洲研究院. 非洲研究（2014 年第 1 卷）［M］. 北京：中国社会科学出版社，2014.

[35] 〔以〕赫尔普曼，〔美〕克鲁格曼. 市场结构和对外贸易［M］. 上海：上海三联书店，1993。

[36] 〔英〕阿瑟·刘易斯. 国际经济秩序的演变［M］. 乔依德译. 北京：商务印书馆，2017.

[37] 胡永居，邱欣. 非洲交通基础设施建设及中国参与策略［M］. 杭州：浙江人民出版社，2014.

[38] 林毅夫. 繁荣的求索——发展中经济如何崛起［M］. 北京：北京大学出版社，2012.

[39] 李安山. 中国非洲研究评论（2013）（总第三辑）［M］. 北京：社会科学文献出版社，2014.

[40] 林毅夫. 新结构经济学——反思经济发展与政策的理论框架［M］. 北京：北京大学出版社，2012.

[41] 舒运国，张忠祥. 非洲经济发展报告（2014—2015）［M］. 上海：上海社会科学院出版社，2015.

[42] 赵晋平等. 重塑"一带一路"经济合作新格局［M］. 杭州：浙江大学出版社，2016.

[43] 〔法〕罗格·博奈，（意）维托里·曼诺. 国际空间合作——欧洲空间局范例［M］李磊译. 北京：科学出版社，2014.

[44] 王贵国，李鋈麟，梁美芬. "一带一路"的国际法律视野［M］. 杭州：浙江大学出版社，2016.

[45] 罗建波. 通向复兴之路——非盟与非洲一体化研究［M］. 北京：中国社会科学出版社，2010.

［46］李伯军. 当代非洲国际组织［M］. 杭州：浙江人民出版社，2013.

［47］〔法〕皮特斯. 航天市场营销［M］. 邓宁丰，王克，史克录译. 北京：
中国宇航出版社，2005.

期刊论文

［1］袁晓东. 论我国科技计划项目中的知识产权政策［J］. 科学学研究，2006
（01）.

［2］蔡高强，刘功奇. 论嫦娥工程专利保护制度的完善［J］. 北京航空航天大
学学报（社会科学版），2014（04）.

［3］郑友德. 论外层空间中的知识产权保护［J］. 中国法学，2006（11）.

［4］古雪祖，柳磊. 国际科技合作中的知识产权归属：中国的缔约和立法实践
［J］. 湘潭大学学报（哲学社会科学版），2008（04）.

［5］郑友德. 我国外空相关发明的专利保护［J］. 知识产权，2007（06）.

［6］黄震，朱光明. 从神舟飞天看我国国防知识产权保护［J］. 重庆工学院学
报（社会科学），2009（02）.

［7］李泽红，吕东，王中霞. 中外军工企业集团知识产权管理模式比较研究
［J］. 国防科技，2010（05）.

［8］王林. 对国防知识产权归属制度的思考［J］. 国防，2007（01）.

［9］杜颖. 国防技术知识产权保护研究［J］. 知识产权，2002（04）.

［10］陈海秋，陈昌柏. 国防科技工业中长期科技发展中知识产权问题研究
［J］. 科技与法律，2004（02）.

［11］修立军，强雁，侯秀峰等. 军工企业实施知识产权战略的若干思考
（下）［J］. 中国航天，2007（03）.

［12］顾海波. 论科技自主创新的知识产权保护［J］. 长白学刊，2007（05）.

［13］孙国瑞. 航空航天技术与知识产权［J］. 知识产权研究，2004（02）.

［14］张连岐. 完善我国国防科技工业知识产权战略思考［J］. 国防科技工业，
2006（12）.

［15］马曙辉. 知识产权制度在国防高科技产业科技创新中的作用［J］. 国防
技术基础，2007（05）.

［16］王新安，梁业峰. 陕西省民用航天产业知识产权保护问题研究［J］. 西
安财经学院学报，2012（01）.

[17] 夏德根. 基于航天专利的中国外层空间技术国际竞争力分析 [J]. 电子知识产权, 2009 (02).

[18] 王新安. 完善中国航天业知识产权管理的新设想 [J]. 西安交通大学学报 (社会科学版), 2009 (07).

[19] 尹玉海, 刘飞奇. 欧洲空间局技术合同中的知识产权制度浅析 [J]. 太平洋学报, 2009 (08).

[20] 赵云. 外层空间法中的热点问题评议 [J]. 北京航空航天大学学报 (社会科学版), 2010, 23 (1).

[21] 戚永亮. 全球导航卫星系统及其相关法律问题研究 [J]. 北京航空航天大学学报 (社会科学版), 2006, 19 (4).

[22] 赵海峰. 关于中国空间立法的若干思考 [J]. 黑龙江社会科学, 2007 (5).

[23] 高国柱. 论航空法与外层空间法的协调 [J]. 北京航空航天大学学报 (社会科学版), 2008 (1).

[24] 凌岩. 应用卫星与国家主权 [J]. 中国政法大学学报, 1984, (4).

[25] 李鹏涛. 20 世纪 80 年代以来英美学界的殖民时期非洲史研究述评 [J]. 世界历史, 2015 (05).

[26] 杨鸿玺, 陈开明. 中国对外援助: 成就、教训和良性发展 [J]. 国际展望, 2010 (01).

[27] 余伟斌, 刘雯. 1955—1965 年中国对非洲贸易研究 [J]. 当代中国史研究, 2017 (02).

[28] 黄梅波, 刘斯润. 非洲经济发展模式及其转型——结构经济学视角的分析 [J]. 国际经济合作, 2014 (03).

[29] 舒运国. 中国援非政策的理论基础及发展进程 [J]. 上海师范大学学报 (哲学社会科学版), 2013 (02).

[30] 齐国强. 新时期中非经贸合作关系的发展 [J]. 国际经济合作, 2003 (12).

[31] 刘爱兰, 王智烜, 黄梅波. 资源掠夺还是多因素驱动?——非正规经济视角下中国对非直接投资的动因研究 [J]. 世界经济研究, 2017 (1).

[32] 李东, 何英. 2014 年商业通信卫星市场综述 [J]. 中国航天, 2015 (05).

［33］赵云. 外空活动中国际合作原则的适用：形式和实体要求［J］. 国际太空，2015（1）.

［34］王君. 中国与多边出口控制机制关系之演变及原因探析［J］. 辽宁大学学报（哲学社会科学版），2005（02）.

［35］刘宏松. 多边出口控制机制的局限与困境——非正式国际机制的视角［J］. 国际政治研究，2009（3）.

［36］胡忠民. 南非航天技术发展的历史、现状及前景［J］. 国际太空，2001（05）.

［37］陈俊聪，黄繁华. 对外直接投资与贸易结构优化［J］. 国际贸易问题，2014（03）.

［38］陈霄. 中国与非洲贸易合作发展的现状、问题及对策［J］. 现代经济信息，2014（16）.

［39］龚晓莺，杨小勇，成家蔚. 发展中国家之间国际贸易与国际直接投资关系研究——以中国与东盟为例［J］. 特区经济，2012（07）.

［40］胡美，刘鸿武. 中国援非五年与中国南南合作理念的成长［J］. 国际问题研究，2012（01）.

［41］黄梅波，唐露萍. 南南合作与南北援助——动机、模式与小国比较［J］. 国际展望，2013（03）.

［42］李小平，卢现祥，朱钟棣. 国际贸易、技术进步和中国工业行业的生产率增长［J］. 经济学（季刊），2008（01）.

［43］梁明. 中非贸易：基于中国、非洲全球贸易视角的研究［J］. 国际商务，2011（05）.

［44］唐晓阳. 中国在非洲的经贸合作区发展浅析［J］. 西亚非洲，2010（11）.

［45］田泽，董海燕. 我国对非洲直接投资的贸易效应及实证研究［J］. 开发研究，2015（03）.

［46］汪文卿，赵忠秀. 中非合作对撒哈拉以南非洲国家经济增长的影响——贸易、直接投资与援助作用的实证分析［J］. 国际贸易问题，2014（12）.

［47］孔祥俊. 论侵权行为的归责原则［J］. 中国法学，1992（5）.

[48] 薄守省. 从美俄卫星卫星相撞事件看航天活动之损害赔偿责任 [J]. 暨南学报（哲学社会科学版），2010 (4).

[49] 杨娟. 浅论违约责任制度的完善与发展 [J]. 法制与经济，2009 (213).

[50] 张孟阳. "北斗" 卫星导航系统应用发展综述 [J]. 国际太空，2009 (11).

[51] 王杰华. 外国卫星导航定位系统的新进展及发展趋势 [J]. 数字通信世界，2008 (2).

[52] 范本尧. 李祖红. 刘天雄. 北斗卫星导航系统在汶川地震中的应用及建议 [J]. 航天器工程，2008 (4).

[53] 王峰. 浅析外空活动中的国际损害责任 [J]. 中南财经政法大学研究生学报，2007 (1).

[54] 王卫国. 论合同的强制实际履行 [J]. 法学研究，1984 (3).

[55] 张晓倩，龚新蜀. 上合组织贸易便利化对中国农产品出口影响研究 [J]. 国际经贸探索，2015 (1).

[56] 李豫新，郭颖慧. 边境贸易便利化水平对中国新疆维吾尔自治区边境贸易流量的影响——基于贸易引力模型的实证分析 [J]. 国际贸易问题，2013 (10).

[57] 叶明，张磊. 贸易便利化对金砖国家区域经济合作影响分析 [J]. 复旦学报（社会科学版），2013 (6).

[58] 周威. 论国际空间法与中国国际商业卫星发射服务的政策法规 [J]. 中国航天，2004 (6).

[59] 杨恕. 国际航天市场发展概况 [J]. 中国航天，2002 (3).

[60] 张健壮，秦秀珍. 2002 年世界航天运输业分析 [J]. 中国航天，2003 (4).

[61] 张健壮，秦秀珍. 2003 年世界航天运输业分析 [J]. 中国航天，2004 (5).

[62] 王景泉. 遥感卫星产业化的模式及发展 [J]. 中国航天，2002 (4).

[63] 罗开元. 国际空间合作的发展态势分析 [J]. 中国航天，2001 (7).

[64] 周威. 美国卫星出口许可制度 [J]. 中国航天，2002 (3).

[65] 吴惠祥. 国际飞机租赁的法律探究 [J]. 中国民航管理学院学报，2000 (6).

[66] 贺富永. 浅析民用航空器的融资租赁合同 [J]. 江苏航空，2002 (3).

[67] 张合香. 世界强国支持航空贸易的主要政策和做法 [J]. 航空工业经济研究，2006（3）.

[68] 郑兴无. WTO 航空运输服务贸易自由化与中国民航的改革 [J]. 中国民航学院学报，2003（2）.

[69] 张德志，张恒阁. 美欧开放天空协议对世界航空业的影响 [J]. 中国民用航空，2007（11）.

[70] 董念清. 中美航空运输研究 [J]. 中国民航大学学报，2008（4）.

[71] 管建强. 对我国禁止公民个人接收境外卫星电视节目的法律评析 [J]. 法学，2000（1）.

[72] 鲁坦. 太空旅游将走向繁荣，法规尚不健全 [J]. 中国航天，2005（6）.

[73] 国际政治与经济综合研究课题组. 国际太空竞赛及其对世界经济的影响 [J]. 世界经济与政治论坛，2010（2）.

[74] 吴照云. 航天产业与市场运行机制的兼容性分析 [J]. 中国工业经济，2004（12）.

[75] 闵贵荣，廖春发. 航天高技术产业发展趋势 [J]. 中国航天，2001（12）.

[76] 胡锦涛. 在庆祝神舟七号载人航天飞行成功大会上的讲话 [J]. 中国航天，2008（11）.

[77] 王家胜，石卫平等. 发展经济、造福社会、保持航天优势地位 [J]. 中国航天，2009（3）.

[78] 张承怡. 中航天技术产业化 [J]. 国防科技参考，1994（10）.

[79] 刘里远. 美国对中国高新科技产品出口限制原因及对第三国影响之探究——一个基于动态博弈模型的理论分析 [J]. 中国外资，2011（8）.

[80] 余万里. 美国对中国技术出口：管制及其限制 [J]. 国际经济评论，2000（3）

[81] 栾恩杰. 中国航天发展政策和展望 [J]. 高科技与产业化，2006（11）.

[82] 魏巍. 对天津市发展航天产业的思考 [J]. 城市，2009（8）.

[83] 赵晓贯，张详健等. 全球航天产业的市场竞争格局分析 [J]. 世界经济研究，2010（4）.

[84] 夏国洪. 航天军民两用技术的发展 [J]. 航天工业管理，2007（8）.

[85] 李志军. 美国对中国出口管制与中美贸易逆差：实质与对策 [J]. 世界

科技研究发展，1999（4）.

［86］李志军. 敏感地带：美国对中国技术出口管制及影响［J］. 国际贸易，1999（4）.

［87］王俊峰，航天经济产业在国民经济建设中的作用［J］. 世界导弹与航天，1990（1）.

［88］翟昌继，廖少英. 航天高技术产业发展趋势［J］. 中国航天，2001（12）.

［89］王雨生，葛榜军等. 卫虽应用是高科技产业的新增长点［J］. 中国航天，2002（12）.

［90］修立军. 航天民用产业发展及转型发展［J］. 现代经济探讨，2007（7）.

［91］吴照云. 航天产业结构及其与市场运行机制的差异性分析［J］. 当代财经，2004（10）.

［92］田晓伟，吴国蔚. 中国航天产业竞争力的提升路径研究［J］. 经济论坛，2007（22）.

［93］彭芳，安孟长. 航大产业基金助推航大军民融合发展的利器［J］. 军民两用技术与产品，2010（2）.

［94］张姣芳，姚晓萍. 军民技术转移的途径和方法探讨［J］. 理论探讨，2011（4）.

［95］包群，苏利. 高新技术产品出口带来了更多技术外溢吗［J］. 世界经济文汇，2009（5）.

［96］陈文敬，张威. 从外部依赖走向自主成长——我国高新技术产品进出口发展战略研究［J］. 国际贸易，2005（2）.

［97］程慧，张威. 美国出口管制改革对中美经贸关系的影响及对策分析［J］. 国际贸易，2011（4）.

［98］杜莉. 中国与美国高技术产品产业内贸易的实证研究［J］. 数量经济技术研究，2006（8）.

［99］杜莉，谢皓. 美国对中国高技术产品出口限制的理论与实证研究［J］. 国际贸易问题，2010（10）.

［100］范爱军，常丽丽. 中美高新技术产品出口竞争与互补关系——基于出口

相似性指数的实证分析 [J]. 世界经济研究, 2010 (4).

[101] 顾钢. 关于西方对中国出口管制政策变化的思考 [J]. 国际技术经济研究, 2004 (2).

[102] 黄军英. 美国对中国技术出口管制政策走向分析 [J]. 国际经济合作, 2009 (6).

[103] 林斐婷. 中美贸易不平衡争议的文献综述 [J]. 国际贸易问题, 2007 (5).

[104] 林玲, 桑俊. 美中高新技术产品贸易逆差的原因探讨 [J]. 商业时代, 2007 (35).

[105] 李安方. 美国对中国技术出口管制的效果评判与前景分析 [J]. 国际贸易问题, 2004 (7).

[106] 李高超. 对中国出口管制牵绊中美贸易平衡 [J]. 国际商报, 2010 (5).

[107] 李林强. 美国对中国贸易出口限制政策研究 [J]. 现代商贸工业, 2009 (1).

[108] 李昕, 黄山. 美对中国科技出口管制调紧 [J]. 财经, 2006 (12).

[109] 李智彪. 对后结构调整时期非洲主流经济发展战略与政策的批判性思考 [J]. 西亚非洲, 2011 (8).

[110] 陈苗耕. 中非友好关系的辉煌历程 [J]. 国际问题研究, 2006 (6).

[111] 张小峰, 刘鸿武. 中非贸易合作回顾与展望 (1980—2009 年) [J]. 财经问题研究, 2010 (1).

[112] 舒剑超, 黄大熹. 从援助效应看中非贸易合作区建设 [J]. 浙江师范大学学报, 2011 (4).

[113] 马成芳, 武芳. 中非贸易特点及前景展望 [J]. 国际贸易, 2013 (4).

[114] 洪永红. 非洲大陆法系国家法律制度初探 [J]. 河北法学, 2001 (2).

[115] 朱伟东. 非洲国际商法统一化与协调化 [J]. 西亚非洲, 2003 (3).

[116] 夏新华, 甘正气. 法律全球化背景下非洲法的发展趋向 [J]. 华东政法学院学报, 2005 (5).

[117] 夏新华. 非洲法律文化的整体性与多样性 [N/OL]. 人民法院报, 2005 - 10 - 28.

［118］李安山. 全球化视野中的非洲：发展、援助与合作——兼谈中非合作中
的几个问题［J］. 西亚非洲, 2007（7）.

［119］蔡高强, 高阳. 论中国航天产品贸易管控法律制度的完善［J］. 北京航
空航天大学学报（社会科学版）, 2013（03）.

［120］蔡高强, 高阳. 美国航天产品贸易管控法律制度探析［J］. 湘潭大学学
报（哲学社会科学版）, 2012（04）.

［121］蔡高强, 高阳. 欧盟航天产品贸易管控法律制度及其借鉴［J］. 北京理
工大学学报（社会科学版）, 2012（02）.

［122］金莉. 中国对非援助的中非贸易效应分析［D］. 大连：东北财经大
学, 2015.

［123］陈默. 中国援助的非洲模式及其对非洲发展影响的研究［D］. 上海：
上海外国语大学, 2014.

［124］陈霄. 中国与非洲基础设施建设合作研究［D］. 北京：外交学
院, 2015.

［125］杜飞阳. 中国企业投资非洲的政治风险规避研究［D］. 北京：中共中
央党校, 2015.

［126］杜文龙. 中国对非洲贸易政策演变及其效果评价［D］. 天津：天津财
经大学, 2013.

［127］高贵现. 中非农业合作的模式、绩效和对策研究［D］. 武汉：华中农
业大学, 2014.

［128］胡银立. 中非贸易面临的挑战与机遇分析［D］. 北京：对外经贸大
学, 2014.

［129］赵贝贝. 北斗卫星导航系统法律规制研究［D］. 哈尔滨：哈尔滨工业
大学, 2015.

［130］刘思阳. 论全球卫星导航的国际法规制［D］. 湘潭：湘潭大学, 2014.

［131］姚鸿.《卫星导航服务法律责任规范探析》［D］. 深圳：深圳大学,
2013.

［132］李成. 中非经贸合作的历史、现状及前景展望［D］. 北京：首都经济
贸易大学, 2007.

［133］拉海·法拉. 中国与非洲经贸关系发展研究［D］. 沈阳：辽宁大

学，2014.

［134］夏新华. 非洲法律文化研究［D］. 北京：中国人民大学，2005.

二、外文类

［1］Kofi Oteng Kufuor. The Collapse of the Organization of African Unity：Lessons from Economics and History［J］. Journal of African Law，2005，49（2）.

［2］Salvatore Mancuso. Trends on the Harmonization of Contract Law in Africa ［J］. Annual Survey of International & Comparative Law Golden Gate University School of Law，2007（1）.

［3］Spanish，N. & Daisy，M. China – African relations：A New Impulse in a Changing Continental Landscape［Z］. Centre for Chinese Studies of Stellenbosch University，2008（40）.

［4］Vijay Mahajan. Africa Rising：How 900 Million African Consumer Offers More than Think［M］. Pearson Education Press，2009.

［5］Robert，R. China into Africa：Trade，Aid and Influence［M］. Massachusetts：World Peace Foundation，2008（1）.

［6］Davies，M. How China Delivers Development Assistance to Africa［Z］. Centre for Chinese Studies of Stellenbosch University，2008，35.

［7］Christopher，M. China and Africa Development Relation［M］. University of Columbia Press，2011.

［8］Chris，A. China Returns to Africa［M］. Columbia University Press，2008.

［9］Bruce D. China and Africa 1949—1970［M］. University of California Press，1973.

［10］Olusoji O. Elias. Globalization "Law and Development"，and Contemporary Africa［J］. Eruopean Journal of Law Reform，2000（8）.

［11］MP Ryan. Knowledge Diplomacy. Global Competition and the Politics of Intellectual Property. Brookings Institution Press. 1998.

［12］Ronald V. Bettig. Report on the Research of National Defense Intellectual Property［M］. Westview Press，2003.

［13］Bini A. Export Control of Space Items：Preserving Europe's Advantage［J］.

Space Policy, 2007 (23).

[14] Johnson – Freese J. The Future of the Chinese Space Program [J]. Futures, 2009 (41).

[15] V. Munsami. South Africa's National Space Policy: The Dawn of a New Space Era [J]. Space Policy, 2014 (30).

[16] John Clark, Carl Koopmans. Assessing the Full Effects of Public Investment in Space [J]. Space Policy, 2014 (30).

[17] Jo – Ansie van Wyk. South Africa's Space Policy And Interests: A New Dawn or a Black Hole [J]. Strategic Review for Southern Africa, 2009 (31).

[18] Mkumatela, Luthando S. Review of the South African Regulatory Framework in the Context of International Space Regulation [J]. Proceedings of the International Institute of Space Law, 2011 (54).

[19] KE Maskus. Intellectual Property Rights in the Global Economy [M]. London: Routledge, 2000: 11.

[20] RonaldV Bettig. Copyrighting Culture: The Political Economy of Intellectual Property [M]. Boulder: Westview Press, 2003: 54.

[21] Olufunmilayo Arewa Culture as Property: Intellectual Property, Local Norms and Global Rights [J]. Northwestern Public Law Researeh, 2007 (04): 10.

[22] Sergei A. Negoda, Legal Russian Segment of the ISS, Aspects of the Commercial Development of the in Air & Space Law [J]. Vol. xxviii/2, 2003 (04).

[23] Virgiliu Pop, Appropriation in Outer Space: the Relationship between Land Ownership and Sovereignty on the Celestial Bodies [J]. 16 Space Policy, 2000.

[24] Lafferranderie G. The Roles of International Organization in Privatization and Commercial use of Outer Space [R]. Proceeding of the Workshop on Space Law in the 21st Century, New York, United Nations, Sale No. E00. 1. 5, 2000: 131 – 136.

[25] Leo BMalagar, Marlo Apalisok Magdoza – Malagar. International Law of Outer Space and the Protection of Intellectual Property Right [J]. B. U. INT'L L. J. 1999, 17: 311 – 343.

[26] Futron Corp. , Satellite Industry Ass'n, Satellite Industry Ass'n [R]. State of the Satellite Industry Report 6, 7 (2006).

[27] Offical Records of the General Assembly, Twenty – First Session, First Committee, Summary Records of Meetings [M]. 20 September – 17 December 1966, U N, New York, pp. 427 – 428.

[28] Bin Cheng. The Commercial Development of Space: The Need for New Treaties [J]. Journal of Space Law, 1991 (19).

[29] Tatsuzawa K. Legal Aspects of Space Commercialization [M]. Tokyo: CSP Japan InC. 1992: 10.

[30] Michael Harr Rajiv Kohli. Commercial Utilization of Space: An International Comparison of Framework Condition [M]. Battelle Press, 1990: 3.

[31] Joanne Irene Gabrynowicz. Expanding Global Remote Sensijng Services [C]. Proceeding of the Workshop on Space Law in the 21st Century, New York, United Nations, Sale No. E00. 1. 5, 2000: 101.

[32] Chao, R. AGick. Long – tem Evolution of Navigation Satellite Orbits: GPS/ GLONASS/GALILEO [J]. Advances in Space Research, 2004, 34 (5): 1221 – 1226.

[33] Michael L. Rustad, Diane D'Angelo. Achieving GPS – Galileo Interoperability: The Challenges Ahead [J]. Advances in Space Research, 2011, 12 (2): 11 – 18.

[34] Nam D. Pham. The Economic Benefits of Commercial GPS Use in the U. S. and the Costs of Potential Disruption [J]. NDP Consulting Group, 2011 (1).

[35] Gini Gramam Scott. The Death of Privacy? [M]. Universe. 2008.

[36] Shelby B. Spires, O'Keefe Says Local Center's Place in Space is Crucial to Agency's Key Programs [J]. Huntsville Times A1. 2002 (1).

[37] Perez P R C. GNSS Liability Issues: Possible Solutions to a Global System

［D］. Montreal：Institute of Air and Space Law. McGill University. 2002.

［38］ Kevin Washington. Locator System Draws Bead on Better Accuracy ［J］. Balt. Sun. 2000（1）.

［39］ Jeffrey Rosen. The Unwanted Gaze：The Destruction of Privacy in Amercian ［M］. Vintage. 2000.

［40］ Langhorne Bond. The GNSS Safety and Sovereignty Convention of 2000 AD ［J］. Journal of Air and Commerce. 2000（2）.

［41］ International Civil Aviation Organization. Report on the Third Meeting of the Global Navigation Satellitesysterm Panel，Appendix c to the Report on Agenda Item I，GNSSP/3 - WP/66 ［R］. Montreal：International Civil Aviation Organization. 1999.

［42］ Basil S. Markesinis. Foreign Law and Comparative Methodolgy ［M］. Oxford：Hart Publishing. 1997.

［43］ International Civil Aviation Organization. Report of Experts on the Establishment of a Legal Framework with Regard to GNSS，ICAO Doc. LTEP/1 ［R］. Montreal：International Civil Aviation Organization. 1996.

［44］ J. A. Rockwell. Liability of the United States Arising out of the Civilian Use of the Global Positioning System ［D］. Montreal：Institute of Air and Space Law. McGill University. 1996.

附录:

SECOND ORDINARY SESSION FOR
THE SPECIALIZED TECHNICAL COMMITTEE MEETING ON
EDUCATION, SCIENCE AND TECHNOLOGY (STC – EST)
21 October to 23 October 2017, CAIRO, EGYPT

HRST/STC – EST/Exp. /15 (II)
Original: English

AFRICAN SPACE POLICY

TOWARDS SOCIAL, POLITICAL
AND ECONOMIC INTEGRATION

FOREWORD

Inadequate mechanisms for resource mobilisation, integrated ownership and leadership, and the lack of a significant industrial sector on the African continent, are a critical impediment to inclusive economic growth and social development. We need a paradigm shift in the way we think, plan and execute programmes. However, reform must be contextualised. A good starting point is the African Union vision of an integrated, prosperous and peaceful Africa, driven by its own citizens and representing a dynamic force in the global arena.

The realisation of the AU Vision must be premised on self – reliance, regional integration, industrialisation and enhanced partnerships. A useful framework for this purpose is Agenda 2063, which has the following key drivers:

- Promoting science, technology and innovation.
- Investing in human capital development.
- Managing natural resources in a sustainable manner.
- Effective private and public sector development and the promotion of public – private partnerships.
- Innovative resource mobilisation.

In driving the AU Vision, in the context of the above drivers, it is imperative that any plans of action be undertaken in a sustainable manner, addressing the challenges of transforming Africa's outputs and trade, broadening and strengthening its weak infrastructural and human resource base, and significantly strengthening and modernising its science and technology capability. In this regard, the recently approved Science, Technology and Innovation Strategy for Africa (STISA 2024) is an important intervention for using science, technology and innovation to respond to the continent's priorities. It is recognised that space science and technology constitute an important enabler for the implementation of STISA 2024 and Agenda 2063.

It is clear that space science and technology is an important tool for ensuring the sustainable use of natural resources and the creation of high – technology industrial sectors. Furthermore, it makes a considerable contribution to the creation of enabling environments for addressing a wide range of pressing challenges, including the need to create jobs, reduce poverty, manage resources sustainably, and develop rural areas. A formal space sector will assist Africa to realise the vision of a peaceful, united, and prosperous continent.

It therefore gives me great pleasure to introduce the African Space Policy, which is the first in a set of instruments that will help us to formalise Africa's space programme. This policy provides the guiding principles for a sustainable and fully effective space programme that will serve the needs of the African continent.

GLOSSARY

Data democracy Provision of wider and easier access to geospatial data, software tools for manipulating data and capacity building, education and training

Data integrity Maintaining and assuring the accuracy and consistency of data over its entire life cycle

Earth observations Gathering of data and information about Earth's physical, chemical, meteorological and biological systems using in situ, aerial and space – borne platforms to monitor and assess the status of, and changes in, the natural and built environment

Global navigation satellite system Constellations of Earth – orbiting satellites that broadcast their locations in space and time, of networks of ground control stations, and of receivers that calculate ground positions by triangulation

Navigation and positioning The determination of position and direction

Remote sensing Acquisition of information about an object or phenomenon without making physical contact with the object

Satellite communications Artificial satellites placed in space for the purpose of telecommunications

Satellite systems Artificial objects comprising computer – controlled systems that attend to many tasks, such as power generation, telemetry, altitude control and orbit control

Space exploration Exploration and discovery of outer space using a variety of technologies

1 INTRODUCTION

As a developing continent, Africa has a significant socio – economic growth potential compared to developedregions of the world. However, this growth potential needs to be realised in a sustainable manner when drawing on the people and the abundant resources of the continent. The prime intention of realising this potential on the African continent should always be directed toward the improvement of the quality of life and the creation of wealth for all its citizens through knowledge generation and exploitation, and the development of congruent economic activities. Experiences in other parts of the world show that space science and technology provide an ideal platform to support the development of a knowledge – based economy. For example, in the United Kingdom, space services contribute to a number of societal benefits, and currently generate £ 7 billion annually, supporting over 70 000 jobs.

Space science and technology, and the many practical benefits that can be derived from their application, have played a significant role in international, regional and national economic and social development efforts. Space presents a unique opportunity for cooperation in using and sharing enabling infrastructure and data towards the proactive management of disease outbreaks, natural resources and the environment, responses to natural hazards and disasters, weather forecasting, climate – change mitigation and adaptation, agriculture and food security, peacekeeping missions and conflict resolution.

Used as tools for peace, satellites have been instrumental in resolving major differences among nations in the last century, and continue to contribute to the reduction of tensions that might lead to wars. Satellite – derived information also forms the backbone of the United Nations Security Council decisions on several conflicts around the world.

Space – derived products and services in Earthobservation, satellite communication, and navigation and positioning are crucial for the economic development of the continent. While some of these products and services have helped to meet the social and economic needs of the continent, Africa does not have the full technical know – how to participate independently in these space – related activities. If Africa is to leapfrog into the technological advancements of the 21st century, the continent needs to develop an adequate number of indigenous space scientists, engineers and related professionals who will actively contribute to finding solutions to continental problems.

New applications for space science and technology are constantly being discovered, and spin – offs from space technologies have led to advancements in such diverse fields as medicine, materials science and computers. Exploiting these applications and technological advancements for Africa's social and economic development would bring many benefits. However, the high cost of participating in space activities has hindered many countries, particularly those on the African continent, from taking full advantage of the practical benefits that space science and technology offer.

Space is benefiting Africa and its people in a number of ways. Space applications are effective tools for monitoring and conducting assessments of the environment, managing the use of natural resources, providing early warnings of and managing natural disasters, providing education and health services in rural and remote areas, and connecting Africa with people around the world and is also heavily employed in transportation services, which is another essential component of sustainable development in Africa. Access to transportation allows mobility, promotes commerce, and fosters education and health. In many African countries, transport access rates and network quality are low. Space – related applications are widely used in agriculture, which remains an important economic sector in much of Africa. Space – based information systems play a significant role in risk reduction and disaster management on the African continent, which is heavily affected by natural and man – made disasters.

It is imperative that the benefits accruing from Africa's participation in continental – level space activities should promote the empowerment of women and the youth. If these two groups are healthy, educated and confident, they will contribute to the health and well – being of whole families, communities and nations. The promotion of the political, economic and social status of women and youth is a critical precursor for advancing the development of the African continent. Accordingly, priority attention will be given to ensuring gender equity and the involvement of young people in space – related activities. This imperative cuts across all policy principles and objectives advocated in this policy.

Africa has to build its capabilities in the following constellation programmes: Earth observation systems, navigation and positioning applications, and communications systems. In developing a continental space programme, Africa will not reinvent the wheel. There are some African countries that are in the process of developing their own space – related capabilities and programmes, and are building institutions to manage these programmes. These national efforts could be nurtured to contribute towards a continental programme, without diluting the focus of the national space programmes.

Currently, there are a number of fragmented initiatives that have a regional dimension. The pragmatic challenge is to bring all of these pockets of excellence together to create synergised, complementary programmes to foster collective actions towards Africa's development, and eventually enable the continent to be a global space player. There are only a few countries on the African continent that have established national space programmes. In many other African countries there is limited appreciation of the potential role and benefits of space in socio – economic development. There is thus a clear and urgent need to build awareness among the political, scientific and industrial leadership of African countries on the importance of introducing space education, which, in turn, will assist in the development of space programmes and related industries.

The use of space for development presents many opportunities that Africa cannot afford to ignore. The benefits of space science and technology need to be made Extracted from Space Benefits for Africa, draft report of the United Nations Inter – Agency Meeting on Outer Space Activities, 2009 available to all African countries, and there is a growing need for Africa to adopt a policy framework that guides the implementation of a continental space programme to enable the continent to develop and exploit its space resources in a more coordinated and systematic manner, with the o-verarching objective of contributing to Africa's socio – economic development.

2　BENEFITS OF SPACE SCIENCE AND TECHNOLOGY

Humanity is facing major challenges in ensuring the adequate provision of basic necessities, such as food, shelter, a clean and healthy environment and proper education for the growing population. Africa can only hope to address these challen-ges through sustainable development – or yet further challenges will arise. Political, social and economic commitments will be effective only if there is a regional partner-ship for sustainable development and if the available resources are equitably alloca-ted.

Earth observation/remote – sensing satellites use state – of – the – art instruments to gather information about the natural resources and the condition of Earth's interre-lated land, sea, and atmospheric systems. Located in various orbits, these satel-lites use sensors that can "see" a broad area and report very fine details about these systems and their interactions to provide information on, among other things, weath-er, the terrain and the environment. Satellite sensors receive signals in various spec-tral bands to provide vital information that is invisible to the naked eye. For exam-ple, these instruments can detect an object's temperature and composition, the wind direction and speed, and environmental conditions, such as erosion, fires and pollution.

Satellite navigation uses satellites as reference points to calculate positions that are accurate to within a metre. With advanced techniques and augmentations, satel-lite navigation can provide measurements that are accurate to a centimetre. Naviga-tion and positioning receivers have been miniaturised and are becoming economical, making the technology accessible to everyone. For example, Global Navigation Sat-ellite System (GNSS) receivers are currently built into cars, boats, planes, con-struction equipment and even laptops. Navigation and positioning, such as provided by the COSPAS – SARSAT System, is the main element for search and rescue. With appropriate augmentation systems, navigation and positioning satellites will enable gate – to – gate navigation and all weather capabilities for suitably equipped aircraft. GNSS is also being used, together with Earth observation applications, for the surveillance and monitoring of illegal shipping activities, such as unlawful fishing, oil spills and the ensuing environmental damage.

Satellite communication is a key technology that could enable developing countries toparticipate in the build – up of global information infrastructure. Research indicates that Satellite – based wireless systems are the most cost – effective way to develop or upgrade telecommunications networks in areas where user density is lower than 200 subscribers per square kilometre. Such wireless systems can be installed five to 10 times faster and at a 50% lower cost than landline networks. Technologies for education and training, in particular distance learning and multimedia technologies, may be instrumental in meeting the needs of African countries that have to train and integrate a large number of workers in widely dispersed and underserviced areas. Many African countries have to cope with large – scale disease outbreaks, and telemedicine may help to meet these challenges by improving the organisation and management of remote health care delivery. Satellite television broadcasting is another important application of space technology, and will help in improving access to information and to make the African voice heard worldwide. The Regional African Satellite Communications Organization (RASCOM) and other satellite systems with global or sub – regional coverage are currently providing a small proportion of these data services.

3 POLICY GOALS

The policy drivers for an African space programme are expressed through high – level policy goals, which are as follows:

(a) To create a well – coordinated and integrated African space programme that is responsive to the social, economic, political and environmental needs of the continent, as well as being globally competitive.

(b) To develop a regulatory framework that supports an African space programme and ensures that Africa is a responsible and peaceful user of outer space.

4 POLICY OBJECTIVES AND PRINCIPLES

During the implementation of the African space programme, the objectives below will need to be adhered to and achieved.

4.1 Objective 1: Addressing user needs

To harness the potential benefits of space science and technology in addressing Africa's socio – economic opportunities and challenges. This will include the following:

(a) To improve Africa's economy and the quality of life of its people. Although Africa is one of the wealthiest continents in terms of natural resources and has a relatively high economic growth, it is, however, one of the poorest in terms of per capita income, with a relatively low level of gross domestic product. Space applications will be used to address the socio – economic developmental needs of Africa by providing critical information for evidence – based management of human habitats, ecosystems and natural resources.

(b) To address the essential needs of the African market. Space – derived services and products will be applied to address the essential information needs of the African market. The space resources of the few African nations with space programmes should be used to provide technological know – how, data access and information dissemination, as well as operational services and products to nations in Africa that do not have space science activities to address the essential needs.

(c) To develop the requisite human resources for addressing user needs. Africa has the challenge of sustaining its space efforts and promoting the use of space technology services among all African nations. Meeting these challenges requires significant human capital development. Accordingly, Africa should develop and adopt essential space education programmes and tools needed to build its capacity and thus maintain the widespread use of space technologies for its development.

(d) To develop products and services using African capacities. Space – derived services and products have to be developed primarily through African capacity and managed by Africans, so as to ensure sustained ownership of the space resources. This will ensure timely responses to our essential needs to improve sustainable development in Africa and thereby promote its economy, alleviate poverty and reduce risk hazards.

(e) To establish communities of practice. For each of the space application areas, it will be necessary to establish communities of practice for the sharing of experiences and best practices. These communities of practice will also assist in articulating the user needs and technical requirements for each of these areas. Such communities of practice will ensure the facilitation of space applications at grass – roots level, where it is most needed.

(f) To develop and enhance early warning systems on the continent. Africa is subjected to various extreme weather, climate, ecosystem and geological events such as tropical cyclones, heavy or lack of precipitation, heat waves, dust storms, red tides and tsunamis, which can lead to loss of life and property and hamper essential services. A combination of space applications will be used to improve, among other things, weather forecasts to develop a range of early warning systems (such as for monitoring flood, drought and health risks).

4.2 Objective 2: Accessing space services

To strengthen space mission technology on the continent in order to ensure optimal access to space – derived data, information services and products. This will include the following:

(a) To use existing space infrastructure. Existing infrastructure will be used as a foundation for the development of new capabilities to support the delivery of products and services, research and development (R&D) and human capacity building. Such capabilities will be established in a complementary manner to reduce unnecessary duplication, provide a full range of space – related services, and, at the same time, ensure equitable access to services across the continent. This will enhance Africa's technical development, technology transfer, management of intellectual property rights, and international and intra – continental cooperation.

(b) To coherently develop, upgrade and operate cutting – edge African space infrastructure. As Africa develops its indigenous space industrial capability, it needs to ensure the coherent development, upgrade and operation of cutting – edge African space infrastructure that ensures optimal coordination, utilisation and cost – effectiveness. A technology roadmap therefore needs to be produced for the development and strengthening of Africa's industrial capability, underpinned by an appropriate governance structure that draws on both national and regional capabilities in a seamless manner.

(c) To promote capacity – building for the development of space services. The development of capabilities and capacities in space science and technology through existing related institutions should be supported to create an enabling environment for knowledge generation and exploitation, which will ensure optimal access to space services on the continent. The Pan African University Space Science Institute should be strengthened to cater for the space – related human resource requirements on the continent.

(d) To develop and increase our space asset base. The current space asset base on the continent is limited and it is therefore necessary to develop and increase this asset base to ensure optimal accessibility and interoperability. Any extension of the current space asset base should be premised on ensuring complementarities and minimising duplication. This core capability can only be optimally achieved if a culture of collaboration rather than competition is nurtured, and, where possible, Africa needs to draw on the competencies of existing national space programmes on the continent.

(e) To establish regional and sub – regional centres of space competencies. In order to ensure that the continent is appropriately capacitated and serviced in space science and technology, it is important that the varied interests and challenges of all regions of the continent are catered for. This will be accomplished through the establishment of regional and sub – regional centres of space competencies that have a localised span of control and links up with the continental space agenda. Priority should be given to the revitalisation and rationalisation of existing institutions and the optimal shared use of these assets should be promoted.

(f) To adopt data – sharing protocols. In line with spatial data infrastructure frameworks, data – sharing protocols need to be developed, adopted and implemented to ensure equitable access and data democracy that is cost – effective and acceptable to all Member States. The protocols will encourage Member States that have space assets to share data services and products with Member States that do not presently have such capacity, and ensure that data services and products are interoperable. This will encourage the commitment of all Member States to data gathering and sharing that facilitates the reuse of data in multiple applications.

4.3 Objective 3: Developing the regional market

To develop a sustainable and vibrant indigenous space industry that responds to the needs of the African continent. This will include the following:

(a) To develop a globally competitive African space programme. Appropriate interventions should be put in place to ensure the global competitiveness of African space technologies, products and services. In order to achieve this, a continental space programme that meets globally accepted space industry standards will be established. The African space industry should demonstrate its ability and successes by ensuring a space heritage that will serve to attract a share of the global space market.

(b) To create an industrial capability. As African countries embark on the development of an indigenous space capability, supported by robust R&D initiatives, it is imperative that the core focus remains a people – centred, market – based industrial capability. Rightsizing the market – based industrial capability with the relevant human expertise and skills will ensure a cost – effective continental space programme. Free – market transactions should be encouraged on the African continent to effectively use the core industrial and human capability that is developed.

(c) To promote public – private partnerships. Public – private partnerships should be pursued in developing an innovative indigenous and sustainable space industry. These partnerships should draw on complementary capabilities and expertise through effective technology transfer and intellectual property management arrangements, at an intra – continental level. These partnerships should also be bolstered in collaborative R&D efforts that focus on the development of space services and products in response to market needs. In this regard, appropriate commercialisation frameworks and agreements should be put in place to service the regional and foreign export markets.

(d) To promote R&D – led industrial development. The technical capability and infrastructure should be used to support R&D and, in so doing, promote an innovative indigenous space industry. The space asset base is a precondition for a fully sustainable, efficient and effective industry, which also forms the basis for cutting – edge R&D that further promotes industrial development. Knowledge generated through R&D should also be translated, through support of an innovation value chain, into services and products for either commercial use or the public good.

(e) To use indigenous space technologies, products and services. Development of an African space market will take place both through the development of products and services for the public good and through the commercialisation of indigenous space technologies, products and services. In order to achieve this, it is imperative that we become intelligent users of space – acquired data, where such a use reflects and responds to the user needs of the continent. Hence, the development of technologies, products and services should respond to the African space market and be largely market – driven.

4.4 Objective 4: Adopting good governance and management

To adopt good corporate governance and best practices for the coordinated management of continental space activities. This will include the following:

(a) To establish anorganisational framework. African Member States will have to establish an organisational framework that will coordinate all African space activities and assets to serve the goals of this policy in an efficient and cost – effective manner. African countries with space science and technology experience will help less experienced African countries to access space services and applications, develop their space capabilities and promote human resources in space science, space engineering and space applications. The organisational framework should follow a bottom – up approach when working and providing appropriate levels of transparency and accountability that allow for equal opportunities among African Member States in accessing space products and services.

(b) To support the African space programme financially. Funding schemes for space activities should preserve the independence of the African space programme and thus guarantee the alignment of space activities with user needs. In order to develop and enhance its space capabilities, Africa should welcome collaboration and cooperation at an international level according to established rules and procedures. However, Africa should not rely on external donor funding to subsidise its space ambitions, since, the continent will be able to compete internationally (including in the African space market) only through its own committed space efforts. Financial support from African governments should therefore be the main funding source for space activities.

(c) To maintain an efficient and sustainable African space programme. Efficient monitoring and evaluation will be needed when the African space programme is implemented. Africa should therefore adopt key performance indicators for regular reviews to ensure best – fit capability – building initiatives, as well as up – to – date services and products to address user needs.

(d) To promote knowledge sharing. Knowledge sharing is one of the main strategic tools that will ensure the sustainability of an indigenous space sector. Knowledge should be disseminated over the African continent under a framework that promotes the development of an African space market. The same framework will have to control space – based intellectual property exchanges to ensure proper usage and avoid improper dissemination.

(e) To conduct and maintain an awareness campaign. Space science and technology and the associated applications that provide socio – economic benefits are not generally appreciated by all African Member States. Hence, there is a need for a significant awareness campaign that will educate and inform African decision makers, politicians and the public of the benefits of space science and technology. It is vitally important that the awareness campaign promotes collective buy – in and ownership of an African space programme.

(f) To monitor and evaluate space activities. The organisational framework adopted should clearly state the monitoring and evaluation procedures that will ensure compliance and achievement of the broad objectives set for an African space agenda. The procedures should set and monitor proper return on investment, significant investment in people, best resource utilisation, proper funding approaches, and an efficient risk management and mitigation strategy.

4. 5 Objective 5: Coordinating the African space arena

To maximise the benefit of, current and planned, space activities, and avoid or minimise the duplication of resources and efforts. This will include the following:

(a) To commit funds tooptimise and improve effectiveness. Space technology has many benefits, but the high capital cost is a significant barrier to entry. Therefore, Africa's developed space nations should make their assets and space resources available and African Member States should commit funds to optimise and improve the required space operations and associated services and products.

(b) To harmonise andstandardise all infrastructure. African Member States will need to harmonise and standardise all infrastructure to ensure the interoperability and seamless integration of space – based and ground – based segments. It is only through such harmonisation and standardisation that all African Member States will benefit optimally from space applications, as it provides a platform for the sharing of experiences, knowledge, and technology transfer.

(c) To regulate space activities. The African space programme will need to be regulated in order to guarantee that strategic objectives are attained. Conflicts of interest will need to be managed to best serve African interests. A regulatory environment will have to be established to allow industrial entities to access space technologies and to promote African commercial private sector participation in the space arena. This regulatory framework will need to be developed and implemented to ensure effective compliance with international treaties and conventions, with the necessary levels of transparency. The African space programme should be compliant with national, continental and broader international laws and regulations.

(d) To secure the space environment for Africa's use. A prime responsibility in relation to continental space activities is to ensure that wavelength spectrums, orbital locations, quiet areas for radio astronomy and other assets and rights, are secured for current and future continental and national space activities in Africa. Representation on international bodies such as the International Telecommunication Union will be important.

(e) To preserve and maintain the long – term sustainability of outer space. During the implementation phase of the continental – level space programme, it is prudent that we exercise commitment and act responsibly in preserving and maintaining the long – term sustainability of outer space. Transparency and confidence – building measures should be enforced to minimise the effects of space debris, thus preserving the space environment for future generations.

4.6　Objective 6: Promoting intra – Africa and other international cooperation

To promote the African – led space agenda through mutually beneficial partnerships. This will include the following:

(a) To promote intra – continental partnerships. Intra – continental partnerships should be promoted to leverage national strengths, activities and programmes. Such partnerships remain central to endeavours relating to human capital development, infrastructure development and the development of an indigenous space industry sector. These partnerships would also need to foster African regional collaboration, where the regional needs are primarily addressed.

(b) To forge international partnerships. Space science and technology is a global endeavour and therefore Africa should strive to be involved in international projects from which new knowledge can be acquired and exploited. In addition, where capability gaps exist, these should be accessed through international partnerships, either through technology know – how and transfer or the use of international facilities. Joint research, development and innovation initiatives should be a core focus of international partnerships.

(c) To foster partnerships across all sectors. Joint collaboration and synergy among academia, industry and government in all fields of space science and technology in Africa should be fostered in order to ensure comprehensive involvement by all sectors. All sectors will need to work in concert to deliver an efficient and effective African space programme. An enabling environment should be created to ensure a transfer of scarce skills and knowledge between different economic sectors.

(d) To facilitate equitable partnerships. A key driver to ensuring the development of an indigenous space capability and capacity will be the level of equity maintained by the African space programme. The principle of equal partnerships should be pursued in developing the African market, and also taken into account when leveraging strategic international partnerships to address technological gaps.

(e) To ensure a reasonable and significant financial and/or social return. All international partnerships should be based on mutually beneficial outcomes and should also ensure acceptable socio – economic returns for the African continent. Such strategic partnerships should also be premised on the notion of technical excellence that will help to further strengthen Africa's space asset base and capabilities.

(f) To influence international agreements. In our pursuit of an indigenous space capability, it is important that we observe all appropriate international treaties, conventions and agreements. Where such international agreements are considered for implementation, it is crucial that a consolidated African position be heard that best serves an indigenous African space programme.

5　CONCLUSION

This policy identifies the key policy goals that will drive the agenda for any formal space initiatives on the continent. The policy goals are supported by a set of objectives and principles that articulate important aspects that need to be addressed in developing and maintaining a viable and sustainable space programme. These policy objectives and principles form the core building blocks and the basis for all decisions and action of the African space programme.

This Policy is a guiding framework for the formalisation of an African space programme, and is complemented by the African Space Strategy and associated implementation plans, and governance structure.

SECOND ORDINARY SESSION FOR
THE SPECIALIZED TECHNICAL COMMITTEE MEETING
ON EDUCATION, SCIENCE AND TECHNOLOGY (STC – EST)
21 October to 23 October 2017, CAIRO, EGYPT

HRST/STC – EST/Exp. /16 (II)
Original: English

African Space Strategy

TOWARDS SOCIAL, POLITICAL
AND ECONOMIC INTEGRATION

Foreword

Africa is facing serious challenges in ensuring the adequate provision of basic necessities, such as food, shelter, a clean and healthy environment, and proper education, for its growing population. Howbeit, Africa is slowly awakening to the impact that space science and technology can have in addressing these challenges. If Africa is to aspire towards "An integrated, prosperous and peaceful Africa, driven by its own citizens and representing a dynamic force in the global arena", then bold steps must be taken towards building the indigenous capability and skills required for self – sufficiency and sustained progress. Many of the technological developments needed to address the multitude of socio – economic challenges holding this continent back cannot be outsourced. Africa has significant potential for growth compared to the developed world, and this potential should be used to create a prosperous future for all. The commitments and investments we make now will set future generations free if we show real political, economic and social ambition.

The convenient lifestyle and high standard of living in the developed world are supported by the instant access to information and space – based applications, such as instantaneous television coverage and navigation services. Even the provision of basic commodities such as food and energy resources is facilitated by space – based technology. In addition, space – based solutions are necessary for the effective management of resources such as water, forests, marine ecosystems and the use of agriculture. Given this reality, it is inconceivable that so many of Africa's space – derived services and products are imported from abroad. This strategy has been developed to advance an indigenous space sector and provides direction for a formal African space programme. The strategy is aligned to Africa's aspirations and is premised upon the following core principles:

● Development of the services and products required to respond effectively to the socio – economic needs of the continent.

● Development of indigenous capacity to operate and maintain core space capabilities.

- Development of an industrial capability that is able to translate innovative ideas from research and development into the public and commercial sectors.

- Coordination of space activities across member states and regions to minimise duplication, but maintaining sufficient critical mass.

- Fostering international cooperation within Africa and with the rest of the world as a means of realising the full value proposition of the space sector.

The implementation of this strategy is important if we are to transform Africa's resource – based economies into the knowledge – based economies to which we aspire. The space sector is not only a high – end technology sector, but also provides the tools required for effective decision making in the management of our natural resources and providing essential communications links, especially to our rural communities. We are therefore at an important juncture, where decisions pertaining to formalising an African space programme will have long – term sustainable benefits, which will help this great continent realise its social and economic potential.

1 Introduction

Africa has an opportunity to exploit its geographic position and natural resources to promote economic growth, improve the quality of life of its people, and contribute to scientific knowledge. At the same time, Africa is facing major challenges in food security, rapid urbanisation, the sustainable use of the environment, and the need to educate a growing population. economic, political, environmental and social reforms can make an impact only if there is concerted effort to build indigenous skills and technological capabilities that provide effective solutions to these challenges. Active participation in the development of space – related applications and services will enable the continent to address these challenges, meet the objectives of the African Union (AU) Agenda 2063, make a significant contribution to the implementation of the Science, Technology and Innovation Strategy for Africa (STISA), take advantage of new opportunities offered by our geographic advantages, and become a global space player.

Table 1 Policy frameworks that respond to key challenges on the African continent

Societal needs	Policy framework	Information and products
Food security	Comprehensive Africa Agriculture Development Programme (CAADP)	Rainfall, yield, production, crops distribution, soil and land suitability
Water resources	African Water Vision 2025	Hydrography, aquifers, water bodies, quality, waste water
Marine and coastal zones	2050 Africa's Integrated Maritime Strategy (AIMS)	Coastal zone degradation and fishing potential
Environment	NEPAD Environment Action Plan	Ecosystems, biodiversity, vegetation and land cover
Weather and climate	Climate for Development in Africa (ClimDev Africa) and the Integrated African Strategy on Meteorology	Rainfall, temperature, wind, aerosol and climate trends and extremes
Security and disaster response	Africa Regional Strategy on Disaster Risk Reduction and the Convention on Cyber Security and Personal Data Protection	Risk and vulnerability data
Health planning	Africa Health Strategy	Disease vectors, environmental factors, population distribution
Governance and commerce	E – Government Strategy	Location – based mobile services, mapping of government information and communication technology (ICT) infrastructure
Infrastructure	Programme for Infrastructure Development in Africa (PIDA)	Spatial information on key infrastructure, such as transport infrastructure, energy sources and power systems, and distribution networks
Information and Communications	Reference Framework for Harmonization of Telecom/ICT Polices and Regulations in Africa	Telecommunications, Internet, television broadcasting, mobile communications, e – commerce, e – government and e – learning
Innovation	Science, Technology and Innovation Strategy for Africa (STISA)	Food security, disease prevention, communications and security

These challenges have long beenrecognised and many policy frameworks (see Table 1) have been developed to respond to them. However, the successful implementation of these frameworks is highly dependent on space technologies and applications. Access to sound, secure spatial data for decision – making will require an indigenous space programme and local capabilities. Africa cannot afford to remain a net importer of space technologies, as in the long term this will limit socio – economic development and negate the African Union vision of "An integrated, prosperous and peaceful Africa, driven by its own citizens and representing a dynamic force in the global arena".

Developing an adequate regional space capability has been hampered by the capital – intensive nature of the space sector and the lack of a formal governance structure to advance a collective effort. These difficulties must be overcome given the strategic value of a regional space sector in advancing the economic, political, environmental and social agenda of the continent. Space applications are needed to achieve over 90% of the strategic objectives across the eight departments of the African Union Commission (AUC). The use of space – based products and services to provide critical spatial information for decision – making purposes would have assisted progress in achieving the Millennium Development Goals, and will be valuable in our efforts to achieving the Sustainable Development Goals.

Africa represents 20% of the Earth's land surface area, more than the USA, India, China and Europe put together, yet these countries/region spent more than $50 billion on space activities in 2013, while Africa spent under $100 million (translating to less than 0.2% of the global space budget) in the same period. In terms of performance in the space sector, only one country on the African continent, namely South Africa, ranked in the top thirty countries globally in 2013 – ranking 23rd in terms of its space budget ($41 million) and 30th in terms of scientific production in satellite technology (accounting for 0.87% of global publications in the domain). These comparisons highlight significant under – investment and suboptimal activities in the space sector, which limit Africa's potential in a fast – growing sector that can make a vital contribution to addressing the continent's challenges.

Hence, overcoming Africa's economic, political, environmental and social challenges is contingent upon a collective effort to formalise and sustain an indigenous space sector that is responsive to these challenges. Such efforts will promote commercial activities, ensure productivity and efficiency gains in diverse sectors, and facilitate cost avoidance measures that support the broader public good. This Strategy provides a strategic framework for developing and operationalising continental – level space initiatives. It clearly spells out the strategic goals and objectives of a long – term collective space vision for the continent. The Strategy hinges off the African Space Policy, which provides a guiding framework, for both the African public and private sectors, on the underlying principles to be adopted en route to a formal African space programme.

2 How space can address Africa's challenges

Space science and technology has contributed to sustainable development efforts and many other societal benefits, and will continue to do so. Depending on their mission, satellites have different orbits. Weather and communication satellites are placed in geostationary orbits (at an altitude of 36, 000 km) above the equator, from which they have a constant view of the same hemisphere of the Earth by completing one orbit around the Earth every 24 hours. Other satellites are placed in low earth orbits, which complete one orbit around the Earth every 100 minutes on average. Because the Earth rotates in the plane of the orbit, such a satellite eventually covers the whole of Earth's surface. Such orbits are used for remote sensing, and navigation and positioning applications. Space technology contributes to meeting society's challenges by making it possible to:

- Communicate anywhere in the world;
- Observe any spot on Earth very accurately;
- Locate a fixed or moving object anywhere on the surface of the globe.

Below is an overview of the socio – economic value and benefits of four key areas of space science and technology, namely, (i) Earth observation, (ii) navigation and positioning, (iii) satellite communications, and (iv) space science and astronomy.

2. 1   Earth observations

In countries where the failure of a harvest may mean the difference between bounty and starvation, satellites have helped planners manage scarce resources and head off potential disasters before insects could wipe out an entire crop. For example, in agricultural regions near the fringes of the Sahara desert, scientists used satellite images to predict where locust swarms were breeding and were able to prevent the locusts from swarming, thus saving large areas of cropland.

Remote sensing data helps with the management of scarce resources by showing the best places to drill for water or oil. From space, one can easily see fires burning in the rain forests as trees are cleared for farms and roads. Remote sensing satellites have become a formidable tool against the destruction of the environment because they can systematically monitor large areas to assess the spread of pollution and other damage. Such monitoring capabilities are critical for the long – term sustainable use of the continent's scarce resources.

Remote sensing technology has helped map makers. With satellite imagery, they can produce maps in a fraction of the time it would take using laborious ground surveys. The use of synthetic aperture radar (SAR) or stereoscopic imaging provides topographic maps of the landscape. This capability enables city planners to keep up with urban sprawl and gives deployed troops the latest maps of unfamiliar terrain. The latter is vitally important for peacekeeping missions in Africa.

Because remote – sensing satellites cover the entire globe, they are important for the study of large – scale phenomena like ocean circulations, climate change, desertification and deforestation. Satellites make it possible to monitor environmental change caused by human activity and natural processes. Because data is collected in a consistent manner, satellites can reveal subtle changes that might otherwise remain undetected. For example, the well known Ozone Hole over Antarctica and the phenomena of atmospheric ozone depletion were discovered using satellites.

2. 2　Navigation and positioning applications

The benefits from space infrastructure are becoming more evident in the management of long – term challenges faced by modern society. A case in point is the management of natural disasters like floods, for which navigation and positioning applications from space can provide data for the cycle of information for flood prevention and mitigation, pre – flood assessment, response (during the flood), recovery (after the flood) and accurate localised weather newscasts. In addition, timely satellite imagery and communication links in hard – to – reach places can help stem catastrophic economic and human losses.

Navigation and positioning is the main element of the international air traffic management system, providing worldwide navigation coverage to support all phases of flight. With appropriate augmentation systems, navigation and positioning satellites will enable gate – to – gate navigation and all – weather capabilities for suitably e-quipped aircraft. With more precise navigation tools and accurate landing systems, flying not only becomes safer, but also more efficient by reducing the delay, diversion and cancellation of flights. These interventions also assist in reducing carbon dioxide emissions in the aviation sector.

In general, mariners use the Global Positioning System (GPS) for navigation and positioning. GPS has also recently been appliedto the surveillance of illegal shipping activities, and the monitoring of oil spills and the ensuing environmental damage. Used together with remote sensing imagery, accurate maps of the ocean colour, temperature, currents, salinity and wind direction have been produced. Such rich information is vital for protecting and extracting economic value from Africa's economic exclusion zones and providing a better understanding of climate change models.

Many automotive navigation and positioning applications fit in the category of intelligent transportation systems. Such systems are intended to improve traveller safety, improve travel efficiency by reducing congestion, save energy through the reduction of fuel requirements, and lessen the environmental impact of travel. Automobile navigation applications also help drivers make the most efficient routing decisions. This technology is also useful for fleet vehicle management and the tracking of valuable assets, especially across national borders.

2.3 Satellite communication applications

Telecommunication satellites offer telecommunication services at national, regional and international levels. Satellite communications in Africa cover a wide range of applications, from traditional telecommunication services to the use of satellite communications to address social issues on the continent. These services include the provision of telephony and data transmission for remote areas using small dishes and advanced very small aperture terminal (VSAT) techniques, thus providing for specific services to a target group. Satellite television services are widely used for point – to – point television transmissions, as well as for direct – to – home television reception and community television.

The Internet has a lower penetration rate in Africa than anywhere else in the world, and overall available bandwidth coverage indicates that Africa is significantly behind in bridging the "digital divide". According to 2011 estimates, only about 13.5% of the African population has Internet access. Consequently, while Africa holds 15.0% of the world's population, Africa only accounts for 6.2% of the world's Internet subscribers. Moreover, the proportion of Africans who have access to broadband connections are estimated to be 1% or lower of the global broadband subscribers. Satellite communication can help fill this gap and increase broadband access, particularly in landlocked countries and rural areas where cable penetration is non – existent or hard to reach.

Integrating information and communication technologies (ICTs) into governance processes can greatly enhance the delivery of public services to all African citizens. ICT integration will not only improve the performance of governance systems, it will also transform relationships among stakeholders, there by influencing policymaking processes and regulatory frameworks. In the developing world, however, the potential of ICTs for effective governance remains largely unexplored and unexploited.

Such services can be delivered through connectivity via satellite links in areas with minimal access to the Internet. Satellite connectivity through post offices could provide Internet access to communities that currently have no access.

Technologies for education and training, in particular distance education and multimedia, may be instrumental in meeting the needs of countries that have to train and integrate a large number of workers in widely dispersed and under – equipped areas. This allows for a constant renewal of skills without being limited by information technology infrastructure. The use of VSAT terminals coupled with communication satellites makes education more accessible, especially in rural areas.

Many countries have to cope with large – scale disease outbreaks, and telemedicine may help to meet these challenges by improving the organisation and management of health care. Databases may be linked through networks to monitor the development of diseases, provide access to medical expertise through tele – consultation, and support remote medical assistance. In this regard, satellite communications can contribute to preparing and implementing health policies. Telemedicine is a cost – effective solution for providing affordable health care in rural areas.

National weather forecasts are based on a current satellite view of Earth. At a glance one can tell which parts of the country are clear or cloudy. When satellite maps are studied, it is easy to see the directional movement of clouds and storms. An untold number of lives are saved every year by tracking the paths of hurricanes and other deadly storms in this way. By providing farmers valuable climatic data and agricultural planners with information, this technology has improved food production and crop management. Weather satellites are integrated into the Global Telecommunications System, as an essential element of global, regional and national meteorological coverage.

2.4　Space science and astronomy

The runaway greenhouse effect on Venus, caused by an excess of carbon dioxide in its atmosphere, has led to an understanding of the dangers of carbon dioxide build – up on Earth and the resulting global climate change. In addition, finding aerosols in the atmosphere of Venus and observing how they interact with molecules has led to knowledge about what happens when aerosols are introduced into the Earth's atmosphere. By observing and analysing the dust storms on Mars, scientists have been able to develop models of what happens to a planet's climate if massive amounts of dust are blown into the atmosphere, as would happen on Earth from a volcano or from the impact of a large extra – terrestrial object.

Astronomy is a science that reaches from planets to stars, and the universe as a whole, from the first light up to the present, 14 billion years later. It embraces all of physics inan endeavour to understand the origin and evolution of the universe and its constituents. Astronomy is a way of advancing science that, until recently, has been the preserve of the industrialised world. Increasing public interest in astronomy and improving scientific education help to develop a more skilled workforce. These skills, both conceptual and practical, are easily transferred to applied fields such as meteorology, computer science and information technology.

Space geodesy uses astronomical techniques to determine the International Celestial Reference Frame, which is used to define the International Terrestrial Reference Frame. This terrestrial reference frame is used to provide precise geographic coordinates that are used in many practical applications, such as ocean and ice level measurements, continental drift, and the orbits of artificial satellites. These reference frames, for example the African Reference Frame currently being developed, are also used for modern map making and location – based applications, such as the mapping of vegetation growth and the demarcation of borders. Space science and astronomy therefore provide basic knowledge that has practical use in daily location – based applications.

The Earth's magnetic field protects us from charged particles and electromagnetic radiation. However, variations in the Earth's magnetic field, due mainly to space weather – related perturbations, may have adverse effects on technical systems in space and on Earth. For example, electrical discharges inside satellites render these satellites inoperable, induced currents in long power and telecommunication lines result in power outages and communication blackouts, and disruptions in geomagnetic surveys negatively affect the commercial exploration of minerals and oil. Space weather monitoring provides an effective tool for mitigation against these disruptions to both space and ground – based operational systems.

3　Situational analysis

3.1　SWOT analysis

Strengths	Weaknesses
• Political support for the growth and development of high – technology sectors, including the space sector. • Significant government support for the establishment of national and regional space programmes. • A significant number of space professionals committed to leveraging space for socio – economic development. • Intra – continental partnerships fostering space science collaboration. • Africa's strategic and geographic locations that are suitable for astronomical and space physics facilities. • Existing nodes of space expertise and in – situ capabilities. • Established satellite assembly, integration and testing facilities. • Existing knowledge base and expertise in space engineering. • Experience in the manufacture and/or operation of small satellites. • Space physics capability that leverages its proximity to the Southern Ocean islands, the South Atlantic Anomaly, and the study of the Equatorial Electrojets. • Existing and established centres focused on the exploitation of geospatial data.	• Disparities in space expertise and capabilities across the continent. • Wide range of African challenges and societal needs. • African user needs are not well quantified and documented. • No governance structure to coordinate and manage continental – level space activities. • Inadequate core skills in several areas of space science. • Limited number of space initiatives, so skills are lost. • Duplication of efforts and suboptimal coordination. • Suboptimal investments in the space sector. • Disjointed continental efforts because there are no data management or data sharing policies. • Limited access to libraries, journals, and scientific and technical databases. • Uncoordinated regulatory environments on matters such as immigration, and cross – border taxes and tariffs. • Fragmented space activities, not aligned with continental goals. • Limited funding on a continental scale that is allocated for space science and technology.

Opportunities	Threats
• Large rural communities whose needs can be supported by space products and services. • A young population that could be trained to serve the requirements of an indigenous space sector. • Maturing public awareness and knowledge of the societal benefits of space applications. • Servicing the sustainable development needs of a population of 900 million people spread over 30. 3 million km². • Natural resources that provide a significant socio – economic growth potential. • Contribution of space products and services to the challenges of global change. • Leveraging the skills and expertise of the African Diaspora. • International partnerships for the co – development of space platforms, products and services. • Potential to share infrastructure and other capacities among various African countries. • Learning from existing satellite programmes to strengthen continental capacity.	• Lack of a coordinated approach to international treaties and conventions. • Political will for continental – level space initiatives not universally shared, amid other pressing national socio – economic priorities. • Over – reliance on financial and technical support from outside the continent. • Political instability. • A weak financial base. • Brain drain of core skills. • Competition for radio frequencies allocated to Africa that could limit the future usage of such resources. • National space programmes not able to assimilate and adopt rapid technological advancements. • Lack of a focus on user needs and innovation in delivering relevant space services and products. • Limited collaboration and coordination owing to an exclusive focus on national priorities. • Lack of a coordinated continental approach to multilateral space agreements and guidelines.

3. 2　Developing the strengths and addressing the weaknesses

　　• Establish a continental space programme that is able to promote programmes and projects that foster intra – continental partnerships by strengthening the existing nodes of space and in – situ capabilities; harmonising and standardising the suite of critical facilities and infrastructure; adopting appropriate data management and sharing policies to promote data access; and sharing the space experience to bolster the capacity of member states that wish to pursue national space programmes.

　　• Leverage Africa's strategic location to attract mega – science projects in astronomy and space physics studies that will enhance the scientific profile of the continent and support the building of critical scientific infrastructure, which will also be used to develop the cohort of skills and expertise required to service the various scientific disciplines.

● Establish human capacity development programmes that attract the young student population into a postgraduate pipeline that primarily serves the requirements of an indigenous space sector and the broader requirements for high – end skills in the changing socio – economic landscape.

● Develop an appropriate governance structure in the context of an African space agenda that is adequately resourced, both financially and in terms of human capacity, to ensure the effective implementation of the African space programme, from continental to sub – regional levels.

● Ensure a regulatory environment that is conducive to the promotion of the African space agenda, but yet is cognisant of the international obligations and responsibilities for ensuring the long – term sustainable use of outer space resources.

● Use the extensive roll – out of optical fibre networks across Africa to secure broadband capacity that will be needed to operate scientific equipment and infrastructure and to ensure seamless connection for data management and sharing of geospatial information.

3.3 Responding to the opportunities and managing the threats

● Establish communities of practice for the sharing of experience and best practices, as well as the definition of user needs.

● Develop a robust public awareness campaign that targets and solicits the support of all sectors of society for the manifold benefits of space science and technology and its potential to foster economic growth and address societal challenges, especially the needs of large rural communities.

● Link spatial market needs and the management of natural resources in a manner that takes into account global change and responses to climate change, and ensures the sustainable long – term socio – economic development and growth of the African continent.

• Use international partnerships and the African Diaspora to build local skills and expertise, and to support the co – development of space platforms, products and services, providing employment opportunities that will minimise the loss of skills and over – reliance on foreign support.

• Leverage existing space initiatives, experience, national programmes and the collective capacity of African countries to build and expand indigenous space capabilities and state – of – the – art infrastructure, and to minimise the duplication of effort.

• Pursue a common regulatory framework on the continent that will counter any limitations imposed on the African space agenda and ensure the long – term sustainable use of outer space resources.

• Adopt a collaborative plan for the allocation and use of wavelength frequencies so as to protect and maximise the use of the frequencies allocated for Africa, which will also maximise the opportunities for hosting and operating key space equipment and facilities.

4   Strategic focus

4. 1   Vision

An African space programme that is user – focused, competitive, efficient and innovative.

4. 2   Goals

(a) Space – derived products and services used for decision – making and addressing economic, political, social and environmental challenges.

(b) An indigenous space capability, in boththe private and the public sectors, for a coordinated, effective and innovative African – led space programme.

4. 3   Strategic actions

Strategic actions are intended to give direct effect to the strategic objectives and underlying principles identified in theAfrican Space Policy. The strategic objectives are listed here for ease of reference.

(a) Addressing user needs – harnessing the potential of space science and technology to address Africa's socio – economic opportunities and challenges.

(b) Accessing space services – strengthening space mission technology on the continent to ensure optimal access to space – derived data, information services and products.

(c) Developing the regional and international market – developing a sustainable and vibrant indigenous spaceindustry that promotes and responds to the needs of the African continent.

(d) Adopting good governance and management – adopting good corporate governance and best practices for the coordinated management of continental space activities.

(e) Coordinating the African space arena – maximising the benefit of current and planned space activities, and avoiding or minimising the duplication of resources and efforts.

(f) Promoting international cooperation – promoting an African – led space agenda through mutually beneficial partnerships.

4.3.1 Leveraging space – derived benefits

The primary marker of success in an African space programme would be how effectively it responds to user needs, its positive impact on the quality of life of people on the continent, and the improvement of Africa's global economic standing. The initiatives must resonate with and respond to Africa's needs in a relevant way that ensures a reasonable financial and/or social return. The initiatives must also be globally competitive in order to be positioned in the global space market, as there is a significant need in many developing countries outside of Africa for such initiatives.

Space – derived – benefits must transcend all spheres of government, from continental level right down to municipal level. In addition, benefits for women and the youth must be factored into the outcomes of these initiatives.

Indicators

- Number of communities of practice.
- Returns on investment.

4.3.2 Strengthening research, development and innovation

The development of indigenous capacity and capabilities will enable research, development and innovation in the African space sector. Given that space science and technology is still a fledgling sector on the continent, research, development and innovation should play a key part in industrial development. Hence, knowledge production (research and development) and the exploitation of this knowledge (innovation) will be central in ensuring a financial and/or social return. Knowledge production and transfer should, therefore, be a strategic focus for the diffusion of innovation.

Research, development and innovation initiatives should provide opportunities for the scientific and engineering space workforce to internalise the current intellectual capital and excel in the development of next – generation technology platforms, products and services.

Indicators

- Number of services and products using African capacities.
- Number of publications.
- Number of patents.
- Number of industrial designs.
- Number of space – related research centres.

4.3.3 Developing and using human capital

Human capital development is the bedrock of a viable and sustainable African space programme. The requisite skills and expertise will be harnessed through robust training and human capital development programmes. Africa should develop its human capital for space science, draw on the intellectual capital of its strategic partners, and make effective use of the African Diaspora. Optimal use should be made of the Pan African University Space Science Institute.

> Investment in human capital development should ensure that higher education and training institutions, including the special purpose Pan African University Space Science Institute, are capacitated to produce the next cohort of scientists and engineers.
>
> Indicators
> - Number of graduates in space – related fields.
> - Number of space – related experts employed in space – related professions.

4. 3. 4 Institutionalising a corporate governance structure

The context ualisation of a centralised governance framework must be embedded in current attempts to formalise African space initiatives. The current African Space Policy provides for principles to be adopted in a programme for African space initiatives, whereas this strategy articulates the space ambitions of the African continent. These instruments must be used as a frame of reference for all indigenous and developmental assistance programmes to ascertain their relevance and fitness for purpose in relation to the needs of the African continent. If this is not done, the result will be a proliferation of initiatives that will ultimately contradict the developmental focus and initiatives of the African continent.

> A corporate governance structure, including rules and procedures should be adopted for the management of Africa's spaceprogramme and activities.
>
> Indicators
> - A formal corporate governance structure established.
> - Achievement of strategic goals.

4. 3. 5 Adhering to regulatory requirements

To ensure Africa's commitment and response in preserving and maintaining the long – term sustainability of the outer space environment, African representatives should actively participate in and commit to relevant multilateral forums, especially where such participation is critical for securing outer space resources for Africa's use. A regulatory framework should be institutionalised to ensure that the outer space resources are used in a sustainable manner.

A regulatory framework should beinstitutionalised to support Africa's space activities so that the continent can compete effectively in the global space market, in line with international treaties, conventions and principles. It is also important to ensure effective African participation in international multilateral forums to secure Africa's access to space, including the assignment and use of orbital slots and the frequency spectrum, for both space infrastructure and ground – based infrastructure.

Indicators
- A regulatory framework that is supportive of space activities.
- Number of contributions made in multilateral forums crucial for the peaceful uses of outer space.
- Coordination of mechanisms instituted by AU member states.
- Number of orbital slots obtained for Africa.

4. 3. 6 Building critical infrastructure

Leveraging existing facilities and developing strong regional and continental coordination in respect of new facilities is crucial for success. Despite the strong public – sector – driven approach in Africa, public – private partnerships will be needed to promote the development of the continent's space infrastructure, particularly through the integration of space technology into other sectors of the economy.

An integrated network linking regional and continental institutions should be established to build appropriate infrastructure. It is also necessary to develop an integrated network and complementary data processing facilities dedicated to the provision of data to users for applications at continental, regional and local levels. African governments should be encouraged to create an enabling environment for the development of an indigenous space – related industry. The African Resource Management Constellation initiative should be leveraged, and the participation of other African countries encouraged.

Indicators
- Number of early warning systems on the continent.
- Number of space missions.
- Number of space receiving/transmitting/processing facilities.
- Number of networks created and percentage of coverage.

4. 3. 7 Fostering regional coordination and collaboration

Strong regional coordination is vital for the success of space activitieson the continent, given resource constraints and the need to minimise duplication and maximise complementarity. Regional collaboration should be underpinned by the sharing of experiences and knowledge, both tangible and intangible, in order to strengthen the space base on the continent. Such collaboration will be in the form of bilateral and polylateral engagements.

Joint technology development, knowledge sharing, technology transfer and the management of intellectual property should be promoted and strengthened.

Indicators
- Number of collaborative intracontinental programmes.

4. 3. 8 Promoting strategic partnerships

Strategic partnerships will be pursued to address inherent gaps in skills and capabilities. Where possible such gaps should be addressed through continental partnerships, public – private partnerships and partnering across different economic sectors. International partnerships should be encouraged to address any remaining gaps and pursue new learning opportunities through active participation in global space initiatives.

> All partnerships should be underpinned by complementary contributions and mutual benefits.
>
> Indicators
> - Number of public – private partnerships.
> - Number of intra – Africa institutional partnerships.
> - Number of international partnerships.

4. 3. 9　Funding and sustainability

It is crucial that adequate funding is committed to ensure the optimal development and long – term sustainability of space initiatives on the continent. It is critical that such funding be sourced from within the continent to allow for an African – led space programme under a consolidated space agenda. Space technology is costly and it is, therefore, essential to exploit existing space resources on the continent and to build on and optimise such resources. Monitoring and evaluation will be vital to ensure relevance and the long – term sustainability of space activities in Africa.

> Funding should be secured from African governments, the private sector and philanthropists. A financial mechanism/instrument should be developed to generate the funds needed for the African space programme.
>
> Indicators
> - Level of long – term funding secured from the continent.
> - Financial mechanism for the raising of funds developed.

5　Implementation guidelines

5. 1　Thematic focus areas

The thematic focus areas, namely Earth observation, navigation and positioning, satellite communications, and space science and astronomy, provide the broad framework within which the appropriate technology platforms and programmes, both new and current, should evolve to address user needs. The use of space applications to facilitate responses to Africa's most pressing socio – economic challenges is shown in Table 2, which identifies the primary user requirements mapped against the thematic focus areas. The various deliverables for each of the thematic focus areas are set out in the table below.

Table 2　User needs mapped against the various space thematic areas

User Needs	Earth Observation — Spatial Resolution								Earth Observation — Temporal Resolution			Navigation and Positioning	Satellite Communications	Space Science and Astronomy
	<50cm	50cm–1m	1m–2.5m	2.5m–5m	5cm–10m	10m–20m	20m–30m	>30m	Daily	Seasonal	Annual			
Disasters	✓	✓	✓	✓	✓	✓	✓	✓	✓			✓	✓	✓
Health					✓	✓				✓		✓	✓	
Energy			✓	✓	✓						✓	✓	✓	✓
Climate					✓	✓				✓		✓		✓
Water		✓	✓	✓	✓	✓	✓	✓		✓		✓		
Weather		✓	✓	✓	✓	✓	✓	✓	✓			✓	✓	✓
Ecosystems			✓	✓	✓	✓	✓			✓		✓		
Agriculture			✓	✓	✓	✓	✓	✓				✓	✓	
Biodiversity			✓	✓	✓	✓	✓				✓	✓		
Peace,Safety and Security	✓	✓	✓		✓			✓	✓			✓	✓	✓
Human Migration and Settlements		✓	✓	✓							✓	✓	✓	
Education and Human Resources				✓	✓	✓	✓	✓			✓	✓	✓	✓
Communications												✓	✓	✓
Trade and Industry		✓	✓	✓	✓	✓	✓			✓		✓	✓	
Transport		✓	✓	✓	✓	✓	✓					✓	✓	
Infrastructure			✓	✓	✓	✓				✓		✓	✓	

5.1.1　Earth observation

Specific interventions relating to Earth observation should include the following:

● Developing adequate skills and expertise in Earth observation applications and usage.

● Developing and improving Earth observation institutions in Africa.

- Fostering knowledge sharing among African experts, users and stakeholders.
- Developing space – based and in – situ infrastructure to help in responding to user needs and ensuring societal benefits.
- Developing Earth observation services and products using web – based and other appropriate technologies in order to meet user needs.
- Fostering stakeholder engagement to ensure the generation of the relevant services and products that maximise the benefits of Earth observation applications.
- Raising awareness among the public, users, and policy and decision makers.

5.1.2　Navigation and positioning

Specific interventions relating to navigation and positioning should include the following:

- Developing adequate skills and expertise in navigation and positioning applications and usage.
- Ensuring seamless integration into existing global navigation satellite services.
- Building on existing infrastructure such as the Agency for Aerial Navigation Safety in Africa and Madagascar, TRIGNET (a network of continuously operating global navigation satellite system base stations) and the African Geodetic Reference Frame.
- Promoting an African array study for seismic applications using seismic reference receivers.
- Developing an indigenous continental – level navigation augmentation system.
- Developing navigation and positioning application products and value added services to support user requirements.

5.1.3　Satellite communications

Specific interventions relating to satellite communications should include the following:

- Developing technologies for communication applications in rural and remote areas.

- Developing technologies for e – applications.
- Providing flexible extensions for the terrestrial network expansion and backup.
- Developing platforms to support disaster management.

5. 1. 4 Space science and astronomy

Specific interventions relating to space science and astronomy should include the following:

- Developing robust and coordinated programmes in the various disciplines of space science and astronomy, such as space physics, space geodesy, aeronomy, and optical, gamma and radio astronomy.
- Instituting capability – building programmes to ensure sustainable space science and astronomy initiatives.
- Developing and maintaining the appropriate infrastructure and facilities for a vibrant space science and astronomy programme.
- Ensuring value addition to Africa's economy through the spin – off development of human capital and technologies in space science and astronomy.

5. 2 Functional programmes

Functional programmes are the means for achieving the key deliverables and are primarily embedded in the underlying technology platforms. They cover the key elements for a space mission (the collection of satellites, orbits, launch vehicles, operations networks, and all other elements that make a space mission possible). Functional programmes support each of the thematic areas. Scientific and engineering capacities are organised into four clusters, each of which carries out specific functions, as summarised below.

5. 2. 1 Space missions

The space missions include the following:

- Develop low Earth – orbiting satellites with multispectral and hyperspectral optical payloads and navigation augmentation payload systems.

- Develop low Earth – orbiting SAR satellites to complement optical satellite missions.

- Develop a geostationary orbiting communications satellite with multiple communication transponders and a navigation augmentation payload system.

- Develop independent space launch capabilities.

- Develop space science missions.

5.2.2 Enabling technologies

The requirements for the future satellite missions, as per the payload and subsystem technology options, are as follows:

- Develop a fully indigenous capability for the medium to high – resolution payloads and subsystems.

- Develop the SAR payload and subsystem requirements.

- Develop a geostationary communications satellite with indigenous African participation on the technology and engineering front.

5.2.3 Space mission operations

The requirements for the space mission operations are as follows:

- Develop assembly, integration and testing facilities and design centres to support the satellite manufacturing facilities.

- Develop ground segments for telemetry, tracking and command to support the satellite operations and the retrieval of data.

- Develop space segments, such as mission control centres for the effective housekeeping and health of the satellite.

- Secure appropriate orbital slots for use by indigenous satellites.

5.2.4 Space applications

In order to ensure that the services and products developed in response to user needs are relevant, the following should be achieved:

- Develop a data – sharing policy that ensures affordable and equitable access to spatial data and information.

- Develop timely access to the right data sets in accordance with user needs.

- Develop the provision of appropriate services and products that respond to all user needs.

- Develop robust processing capabilities to ensure that timely access to the requisite services and products are available to end users.

- Ensure that all levels of governments are able to access space and ground – based data through a centralised portal.

- Provide geospatial and scientific data for education, and research and development.

- Provide geospatial data for commercial exploitation at a minimal cost.

5. 3 Supporting programmes

Supporting programmes are cross – cutting elements that are critical for the realisation of the thematic focus areas and the functional platforms. The supporting programmes comprise of the following:

- Human capital – The appropriate expertise and skills necessary for an African space programme will be an area that will receive priority attention, as without this all existing and envisaged programmes and infrastructure will be of limited value.

- Space awareness – For the African space programme to appear meaningful to the broader public it is necessary to create public awareness of the benefits of space technology and its manifold applications (products and services).

- Infrastructure – Appropriate infrastructure is the cornerstone of an effective space programme, enabling technology transfer and human capacity development initiatives.

- International partnerships – Strategic, mutually beneficial partnerships with foreign partners are necessary for tangible and intangible technology transfer and a viable and sustainable space programme.

- Industrial participation and development – Development of the continental space industry to participate in the various functional platforms is a key requirement for the sustainability of a space programme.

5. 3. 1　Human capital development and space awareness

The following are strategic interventions for human capital development and increasing space awareness:

- Developing coordinated, sustained and targeted public awareness and outreach programmes that:
  - Use classical and contemporary communication platforms;
  - Demystify space science throughpopularising space science with high – quality outreach material for all audiences;
  - Create opportunities to engage and attract the best minds towards careers in space science;
  - Promote gender parity in space science.
- Supporting space science teaching and research at universities through:
  - The Pan African University Space Science Institute, and linking existing training, research and innovation initiatives;
  - Enabling bi – directional linkages between continental research efforts and national programmes, and between continental research efforts and global research programmes; and
  - Establishing continental researcher and student exchange programmes;
  - Creating an enabling research and technical environment for graduates to be employed;
  - Enabling the development of networks and the dissemination of information using modern media platforms for drawing on the expertise of African Diaspora scientists and engineers;
  - Enabling easy access to open data and processing tools to facilitate capacity development in the use and dissemination of geospatial data and information; and
  - Introducing space science and astrophysics at undergraduate level with a focus on technical and academic requirements on the continent.
- Supporting space science and astronomy teaching and outreach at primary and

secondary school level through:

· Developing and introducing basic space science and astrophysics courses aimed at science students;

· Developing in – service training programmes in space science and technology for teachers to promotethe discipline at school level;

· Developing specialised curricula, material and teaching aids to create awareness of space science and technology;

· Enabling the development of a student portal for the development of virtual space science clubs, access to information, open data, processing tools and advice;

· Drawing on the deep roots of Africa's indigenouscivilisations to explore synergies with space science and astrophysics; and

· Developing space museums, planetariums and observatories.

5.3.2　Infrastructure

The following are strategic interventions for infrastructure:

● Building centres of excellence and competence in the five regions in Africa, while expanding and upgrading existing facilities.

● Building new and expanding existing national assembly, integration and testing centres on the continent to service continental and regional needs.

● Building national and regional vicarious calibration facilities to support continental and global Earth observation efforts.

● Building national and regional data banks and high performance computing centres, and/or using existing ones.

● Leveraging continental and global partnerships to build a space – based industry for manufacturing space hardware and software, which could serve as a centre for hands – on training.

● Developing and expanding existing mission control systems to service continental and regional needs.

● Developing and strengthening research and development centres so that they are accessible to researchers across the entire continent.

● Expanding existing observing infrastructure and ensuring data accessibility for research (for example, GNSS receivers, magnetometers and ionosondes).

● Developing complementarities between space – based and in – situ infrastructure.

5. 3. 3 International partnerships

Specific strategic interventions relating to international partnerships include the following:

● Establishing a pan – African cooperation and partnership framework to enable coordination and networking for the effective implementation of continental – level activities.

● Establishing cooperation agreements with governmental, intergovernmental and regional organisations and agencies that focus on the exchange of experience with the objective of reducing the space divide and technological gaps.

● Encouraging African academia to establish a partnership arrangement with international academic networks concerned with space activities.

● Establishing a framework for the development of an African space industry operating in close cooperation with outside space industries with the purpose of establishing synergies between them.

● Integrating African space infrastructure and programmes as a part of the global space infrastructure with a clear recognition of African rights and access.

5. 3. 4 Industrial participation and development

The strategic interventions for industrial participation and development include the following:

● Developing an industrial framework to unlock industrial opportunities and to enhance industrial development, strengthen manufacturing capabilities and provide support for industry and related services.

● Building an industrial base to support Africa's requirements for space technologies by ensuring maximum participation of the private sector in public sector space projects.

• Establishing a supportive continental regulatory framework to ensure compliance with the United Nations regulatory provisions and applicable international obligations when competing in international space markets.

• Maximising the benefits of innovation and technology transfer into and out of the space sector, thus promoting the broader industrial development on the African continent.

• Creating an enabling environment for small and medium enterprises by supporting their effective participation in the development of the space industry and market.

5. 4 Projected outcomes

The projected outcomes over the next decade should ensure a long – term sustainable and viable continental space programme that remains aligned with user needs. To meet user needs, a concerted effort should be made to obtain adequate human and financial resources, establish strategic partnerships in Africa and beyond, and set up appropriate technology platforms. While this is being done, the global relevance and positioning of the continental space programme should be kept in mind. The response within the implementation framework being developed for this strategy can be divided into immediate outcomes (within a year), intermediate outcomes (within five years) and long – term outcomes over (10 years) that provide for rolling milestones, which are expressed below.

Projected one – year outcomes

• Establishment of the governance elements needed for a sustainable space programme, including regional centres of excellence.

• Approval and implementation of an intercontinental and international partnership plan.

• Approval and implementation of a human capital and infrastructure development plan.

• On – going research, development and technology transfer programmes that will contribute to building the foundations for a continental space programme.

Projected five – year outcomes

- An established continental space programme.
- Appropriate technology platforms in place to support the various components of a continental space programme.
- Advances in human capital development that support the continental space programme.
- Strategic partnerships, both intercontinental and international, through projects that promote research and technology development.
- Operational and on – going developments of space application services and products for the broader public good.
- Well – defined funding mechanisms for sustainability.

Projected 10 – year outcomes

- A continental space programme that is globally positioned and ranked in the world's top 10.
- Independent Earth observation high – resolution satellite data available for all of Africa from a constellation of satellites designed and manufactured in Africa.
- Appropriate services and products relating to space applications.
- Indigenous space capacity, in terms of both technology platforms and human capital.
- Spin – off enterprises emanating from space activities and programmes.
- Strategic partnerships, both within and outside Africa, that are translated into viable space missions, applications, products and services.

6　Conclusion

The African Space Strategy hinges on the African Space Policy, which provides the main tenets and guiding principles for the establishment of a formal African space programme. This strategy is an expression of the key intent and programmes of action that are needed to give effect to the identified goals and strategic objectives, so that maximum impact can be made in leveraging the benefits of space science and technology as a tool for informing solutions to our political, economic, social and environmental challenges. Appropriate governance structures will be mandated to ensure that this strategy is implemented to ensure the effective development and coordination of an African space programme, which will draw on the capacities of member states and regional programmes.

Furthermore, this strategy is intended to support the Science, Technology Innovation Strategy for Africa 2024 and other relevant continental Strategies, and thus contribute to the achievement of Agenda 2063.